CRITIQUE DE L'INFORMATION

Supports pédagogiques disponibles dans la collection *Pédasup*

---

1. Critique historique
3. Économie politique générale
5. L'eau et le sol
14. Mise en voix
20. La critique historique
21. Mathématiques pour démographes
22. L'idée européenne dans l'entre-deux-guerres
24. Une histoire du droit civil (2e éd.)
26. Histoire de la famille et de la sexualité occidentales
27. Introduction à la sémiologie
28. L'idée européenne en temps de guerre dans le Bénélux
29. Histoire économique et sociale du XXe siècle
30. Récit, médias et société
31. Surveillance de l'environnement : méthodologie
32. Enfance, santé mentale et société
34. Droit romain (tome 1)
35. Droit romain (tome 2)
36. Relations internationales de 1815 à nos jours (tome 1)
37. Philosophie morale
38. Relations internationales de 1815 à nos jours (tome 2)
39. Droit matériel général de la Communauté européenne
40. Calcul des structures
41. Critique de l'information

Les autres titres sont épuisés.

CRITIQUE DE L'INFORMATION

Contribution de la critique historique

Michel DORBAN

ACADEMIA
A | B
BRUYLANT

Pédasup 41

Louvain-la-Neuve

2000

ISSN 0776-0884
D/2000/4910/25 ISBN 2-87209-609-4

Grand'Place 29
B-1348 LOUVAIN-LA-NEUVE

Imprimé en Belgique.

INTRODUCTION

Ce livre rassemble les notes du cours de critique historique au programme de la première année de formation des futurs sociologues, politologues, économistes, démographes et spécialistes de la communication. Il en a gardé le ton et le niveau de difficulté. J'explique au premier chapitre que le cours de critique historique n'est ni un cours d'histoire, ni, dans ce cas-ci, un cours destiné à former des historiens. C'est pourquoi je l'ai intitulé critique de l'information.

Il comporte une partie fort classique de la critique historique telle que me l'a enseignée dans les années '60 feu le Professeur Léopold Genicot. Celui-ci, et je m'en suis seulement rendu compte lorsqu'il me fallut préparer ce cours, disait ce que son enseignement devait à deux historiens français à cheval sur les XIXe-XXe siècles, Langlois et Seignobos [1], eux-mêmes fort inspirés de l'École allemande du XIXe siècle en la personne de E. Bernheim.

J'ai essayé de montrer l'intérêt de cette approche classique d'historien pour les sciences sociales. J'avais deux modèles pour cela : l'un, ancien, puisqu'il s'agit du déjà nommé Seignobos dont l'enseignement de la méthode historique appliquée aux sciences sociales fut matérialisé par un livre portant ce titre [2]. Un autre modèle, plus récent, fut le livre de mon collègue plus âgé Rudolf

1. C.V. LANGLOIS et C. SEIGNOBOS, *Introduction aux sciences historiques*, Paris, Hachette, 1898. Il y a eu de nombreuses éditions.

2. C. SEIGNOBOS, *La méthode historique appliquée aux sciences sociales*, Paris, Alcan, 1901.

Rezsohazy, historien passé avec bonheur à la sociologie[3] avec qui j'ai eu l'honneur d'enseigner la critique historique.

Persuadé aussi de l'utilité de la critique historique classique pour le « simple » citoyen, il m'a paru important d'en faire part à ce public de jeunes universitaires en lui montrant que, pour lire intelligemment son quotidien ou regarder le journal télévisé, rien ne vaut d'appliquer les règles de la critique historique.

Ce qui est novateur encore dans ce cours, par rapport à l'approche classique, est l'orientation quantitative que j'y ai mise. Je la crois fort utile pour le public décrit. Je la dois à ma pratique d'historien quantitativiste. Mais là encore, je dois citer mes sources – on n'en attendra pas moins d'un cours de critique historique. C'est à mon maître feu le Professeur J. Ruwet que je dois cette passion. En préparant ma thèse sous sa direction, j'ai découvert aussi les outils critiques appliqués à l'histoire économique mis au point par E. Labrousse[4]. Ils figurent dans ce cours en bonne place avec ceux d'O. Morgenstern qu'un ami économiste me conseilla[5].

L'approche quantitative est néanmoins très limitée ici en raison de l'objet du livre[6]. Cependant, elle démontre bien – je l'espère – et mieux que la critique classique, que la critique historique n'est pas seulement un outil « négatif » visant à débusquer le faussaire mais qu'elle est un outil d'analyse permettant d'isoler les faits qui appellent une explication de la part du chercheur.

3. R. REZSOHAZY, *Théorie et critique des faits sociaux*, Louvain-la-Neuve, Ciaco, 1984.

4. E. LABROUSSE, *La crise de l'économie française à la fin de l'Ancien Régime et au début de la Révolution*, Paris, P.U.F., 1990 (réédition).

5. O. MORGENSTERN, *Précision et incertitude des données économiques*, Paris, Dunod, 1972 (Collection Cournot, 20), traduction du livre paru en 1950.

6. À ceux qui voudraient en savoir plus, je recommande, outre les ouvrages cités ci-dessus, J. GADISSEUR, *Le produit physique de la Belgique 1830-1913. 1 : Présentation critique des données statistiques. A : Introduction générale ; Agriculture*, Bruxelles, Académie royale de Belgique, 1990.

CHAPITRE 1

LE MATÉRIEL PÉDAGOGIQUE. PLAN ET OBJET DU COURS

Au programme des cours, la critique historique est réputée être un cours de méthode. De méthode dans le cadre de la recherche scientifique, s'entend. Voilà déjà pas mal de termes à définir. De leur définition apparaîtra le plan de l'exposé.

A. Approche empirique du concept de recherche scientifique

Pour une première approche du concept de recherche scientifique, limitons-nous aux « sciences humaines » d'une part et ne nous engageons pas dans un discours philosophique sur la théorie de la connaissance d'autre part [7]. Approchons empiriquement cette notion.

Toute recherche digne de ce nom recourt à une **source**. On peut définir celle-ci, dans le monde qui nous occupe, comme toute trace laissée par l'Homme et étudiée par un savant pour reconstituer, comprendre, expliquer ou prédire le comportement de l'individu ou du groupe, au sens très large. Lorsque le chercheur est en contact direct avec cette source, on dit qu'il mène une recherche de « première main ». Par contre, s'il utilise les travaux déjà réalisés par quelqu'un d'autre, on parle de recherche de « seconde main ». On reviendra sur cette notion de source au chapitre 3.

7. À ce sujet, voir par exemple K. POPPER, *La logique de la découverte scientifique*, Paris, Payot, 1984 et J. LADRIÈRE, *Les enjeux de la rationalité : le défi de la science et de la technologie aux cultures*, Paris, Unesco, 1977.

Toute étude scientifique répond à un **objectif** général. Celui-ci peut être très précis et très pragmatique. Il appartient dès lors à la recherche dite « appliquée ». Le sociologue exécutant un sondage préélectoral à la demande d'un parti politique ou le conjoncturiste diagnostiquant le climat économique au profit des institutions bancaires font de la recherche appliquée. Celle dite « fondamentale », au contraire, laisse moins apparaître cet aspect pragmatique, utile, voire rentable. Elle relève plutôt de l'« art pour l'art ».

La notion de **période d'observation** peut également être un élément de compréhension. Une recherche étudie un phénomène, tantôt en privilégiant le fait que celui-ci évolue avec le temps (diachronie), tantôt en analysant, à un moment donné, la structure, les composantes du phénomène et leur interaction (synchronie).

On dit parfois d'une science qu'elle est positive et cumulative. **Positif** s'oppose généralement à normatif. L'étude des normes ou du droit mériterait l'épithète de normatif alors qu'une description des comportements sociaux, économiques ou politiques, suivie d'une interprétation et d'une explication de ceux-ci, appartiendrait à une science positive.

Tout chercheur constitue un maillon d'une chaîne. Ses connaissances se nourrissent des travaux de ses prédécesseurs, comme lui-même ajoute une pierre à l'édifice dont la construction sera poursuivie par d'autres : la science est dite **cumulative**.

Toute recherche scientifique est par définition originale. La démarche du savant néanmoins se décompose en un certain nombre d'étapes appartenant à un schéma général. La bonne compréhension d'un cours de critique historique suppose que l'on connaisse ces étapes. Permettre à l'étudiant de première année d'appréhender celles-ci est donc indispensable. Mais c'est là, on en convient, une des difficultés majeures. Deux exemples et deux lectures essaient d'illustrer le parcours du scientifique.

B. Exemples simples de recherche

1. Exemple 1 : évolution de la fécondité des couples dans une ville

Imaginons l'interrogation suivante : comment la société où nous vivons « accueille-t-elle » l'enfant ? Vaste question. On peut penser qu'une des nombreuses sous-questions à traiter sera de savoir si les couples, au sein de cette société, désirent avoir des enfants ou non. Assez naturellement alors, on pensera que connaître le nombre d'enfants mis au monde par chacune des femmes permet le constat d'une situation existante. Et l'évolution de ce nombre sur une vingtaine d'années ou plus permettra de voir d'où l'on vient en la matière.

Voilà la question grossièrement posée. Première démarche : se demander si quelqu'un n'a pas déjà répondu à cette question. Il est inutile en effet d'enfoncer des portes ouvertes. Si ce travail existe, après la lecture de celui-ci, on saura si la réponse à la question est donnée. Peut-être n'est-elle pas satisfaisante à cent pour cent. Dans ce cas, il reste à approfondir la partie non couverte par cette étude. Lire. Tout ce qui est paru et qui touche de loin et de près à la problématique. En d'autres termes, faire l'**état de la question**. Cela permet aussi, à l'aide de ces travaux, de préciser l'objectif poursuivi et de dresser un inventaire des méthodes à suivre pour répondre au mieux à notre préoccupation.

Dans l'exemple présent, puisqu'il s'agit de prendre la mesure du nombre d'enfants, on aura le **choix entre plusieurs techniques**. Deux de celles-ci suffisent à illustrer le propos. Soit, dans la communauté que nous étudions, calculer chaque année le rapport entre le nombre de naissances et l'effectif de sa population durant cette unité de temps. Le résultat, donné en « pour mille habitants », s'appelle taux de natalité. Soit chiffrer ce que le démographe appelle la fécondité : la fréquence (en pour mille) des naissances au sein d'une sous-population en âge de procréer (le groupe des femmes de 15 à 50 ans par exemple). Si l'on compare ces deux méthodes en termes de difficulté qu'il y a à rassembler les données permettant les calculs évoqués, on se rend vite compte que le taux de natalité est beaucoup plus expédient. En effet, son calcul ne requiert pas de faire la distinction, au sein de l'effectif de population, entre les sexes et encore moins de ventiler par groupe d'âge. Et ces observations doivent être faites sur une vingtaine d'années.

Durant ces lectures encore, de nouvelles interrogations, auxquelles on n'avait pas songé soi-même en première approche, se font jour : quel peut être l'impact du phénomène sur les besoins du système d'éducation ? sur le régime des pensions ? Par quoi le phénomène lui-même est-il influencé : par l'âge de la femme ? par la nationalité ? par le niveau intellectuel, social, par la religion ? etc. Avant toute recherche personnelle sur le terrain, il s'agit donc de **dresser le questionnaire (la problématique)** qui nous guidera tout au long du travail.

On peut dès lors **choisir sa méthode**. Étant donné les difficultés évoquées, supposons que l'on opte pour le recours au taux de natalité. On va se convaincre aussitôt de l'**imperfection** de cette méthode que des contraintes de temps, ou de moyens peut-être, nous imposent. Elle ne sera pas aussi précise que le taux de fécondité puisqu'elle va nous amener à mêler les sexes et les âges. Le taux de natalité va rendre imparfaitement compte du niveau de fécondité chez les femmes de la communauté étudiée.

En résumé, nous avons besoin, année après année, de l'effectif de population et du nombre de naissances. Commence maintenant la **recherche de cette information. Existe-t-elle** d'abord ? Si oui, **où est-elle localisée ?** Son siège connu, **est-elle accessible ?** En Belgique, toutes les administrations communales communiquent ces chiffres à l'Institut National de Statistique[8] qui publie annuellement les résultats par arrondissement dans l'*Annuaire statistique de Belgique* disponible dans toute bibliothèque scientifique qui se respecte. Nous avons donc le choix – si le cadre de notre enquête est l'arrondissement ou la province – : soit nous rendre auprès de

8. En application des arrêtés royaux des 26 août 1966 et 3 mai 1977. Le tableau 1 expédié annuellement s'intitule « Mouvement de la population en... » comptabilisant les Entrées (naissances, immigrations) et les Sorties (décès, émigrations). D'autres relevés s'intéressent aux migrations et aux mouvements de l'état civil d'après le registre des naissances.

l'administration communale et consulter la déclaration originale, soit lire l'*Annuaire* cité. L'avantage présenté par celui-ci est qu'il nous évite de nombreux déplacements (auprès de chaque administration). Les inconvénients sont d'une part, l'agrégation des données par arrondissement qui nous fait perdre de la précision, d'autre part, tous les risques de fautes entre la déclaration de base et le texte publié.

Avant même que de collecter tous les chiffres nécessaires, nous nous préoccupons donc de la **qualité de l'information**. Poursuivons dans ce sens. L'effectif de population d'abord. Est-ce que chaque officier de l'état civil fait le recensement de ses administrés tous les ans ? Ce qui serait la meilleure méthode pour obtenir un chiffre correct. Que non. En Belgique, les recensements de population ont lieu tous les dix ans. Pour les années intermédiaires, on procède par calcul : l'effectif de population au 31 décembre égale l'effectif au premier janvier de cette année + les naissances ayant eu lieu au cours de cette période – les décès + les immigrés – les émigrés. Le nombre des naissances ensuite. Que valent les chiffres avancés ? Les enfants nés hors de la commune, en maternité par exemple, sont-ils compris ? Les mort-nés sont-ils comptés également ? Allons-nous nous contenter des chiffres publiés, ou à l'autre extrême, allons-nous compter nous-mêmes les actes de naissances dans les registres de l'état civil ?

Figure n° 1

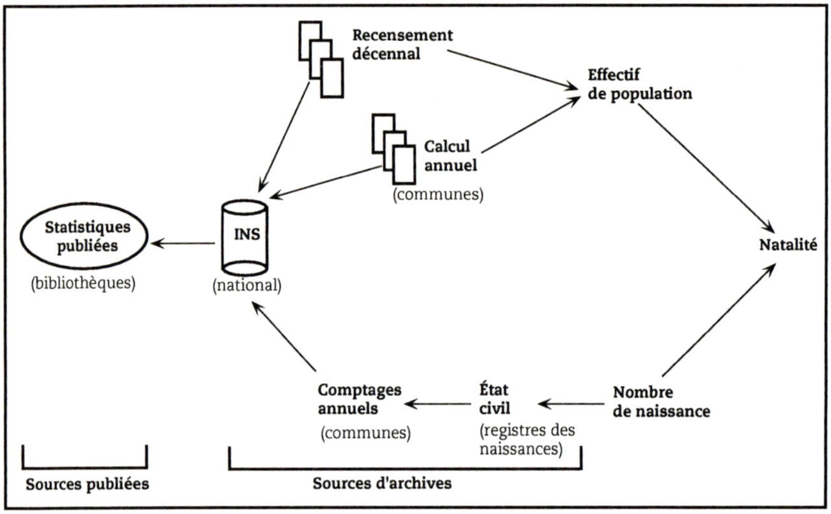

Le lieu de notre enquête choisi après ces premières réflexions, il nous reste à **nous y rendre**, muni de fiches de dépouillement où nous n'aurons plus qu'à **reporter les chiffres** dont nous avons besoin.

Année	Naissances	Population
1970		
1971		
...		
1998		
1999		

Rentrés à la maison, nous disposons désormais de données pour **calculer** le rapport naissances/population en pour mille. Un tableau synthétisant les résultats peut être dressé et un graphique dessiné.

Pour valider ces résultats et être convaincus nous-mêmes de leur pertinence, nous pouvons les confronter avec ceux obtenus par d'autres chercheurs pour d'autres régions par exemple. Outre que cette **confrontation avec d'autres travaux** peut nous rassurer, elle permet encore de valider la méthode utilisée, d'enrichir nos observations personnelles et d'aider à l'interprétation des résultats.

Groupe d'âge	**Population ville A**	**Population ville B**
0-19 ans	2.840	2.500
20-59	5.350	6.500
> 60	1.810	1.000
Total population	10.000	10.000
Naissances	150	150
Taux natalité	15 ‰	15 ‰
Taux fécondité tous sexes et tous âges	28 ‰	23 ‰

Il s'agit en fait d'**une première interprétation**. On remarque alors qu'il convient d'être **prudents** face aux chiffres. Le tableau qui précède, purement imaginaire, veut faire découvrir cette nécessité.

On se rend compte que la ville A et la ville B connaissent le même taux de natalité alors que les femmes de l'entité A enregistrent un taux de fécondité [9] supérieur à celui observé en B. Cet exercice démontre qu'en utilisant le taux de natalité, le chercheur doit **corriger** le manque de précision désormais connu, voire maîtrisé : en l'occurrence, on verrait très bien que soit mise au point une technique permettant d'informer le lecteur sur cette question importante de la structure de population.

Les résultats étant présentés et leurs faiblesses, inhérentes à la méthode, corrigées sinon domestiquées, on peut procéder à la **description du phénomène** révélé par les tableaux ou les graphiques. La natalité est en hausse ou en baisse, depuis quand, dans quel espace géographique, avec quelle intensité, de manière uniforme ou non, etc.

9. Il s'agit en fait d'un taux de fécondité peu orthodoxe car on constate dans le tableau que, si on a bien réparti la population en classe d'âge, on n'a pas distingué les sexes à l'intérieur de chacune de ces classes d'âge. On fait donc implicitement l'hypothèse que hommes et femmes s'y répartissent moitié moitié.

L'homme de science ne peut se contenter de décrire. Il doit **expliquer** le pourquoi des choses. Pourquoi assiste-t-on à cette évolution ? Ici encore on doit s'aider de tout ce que les autres chercheurs ont écrit avant nous. Peut-être, et même sans doute, d'autres questions vont-elles se poser et alimenter le questionnaire établi au départ. Et peut-être va-t-il falloir interroger d'autres sources.

Toute recherche scientifique se termine par **la présentation** officielle des résultats sous forme de livre ou d'article dans une revue : à quoi servirait une étude dont les résultats resteraient sous le boisseau ?

2. Exemple 2 : sondage d'opinion sur la qualité de la vie à Louvain-la-Neuve

Le deuxième exemple relève davantage de la sociologie. La question proposée en effet est celle-ci : peut-on connaître l'opinion des gens sur la qualité de la vie à Louvain-la-Neuve ?

Les **premières réflexions** vont nous amener probablement à définir ce qu'on entend par qualité de la vie, à préciser le cadre de notre enquête et la façon d'interroger les gens.

Bien **définir le concept et ses composantes**. Si nous associons d'emblée qualité de la vie à présence de plans verts, de cinémas, de commerces, peut-être que d'autres personnes y voient d'autres aspects. Il n'est donc pas inutile de lire ce que l'on a déjà écrit à ce propos ou concernant des domaines connexes. D'ailleurs, ces lectures nous aideront aussi à définir **les facteurs** susceptibles d'expliquer l'existence de telle ou telle opinion sur la qualité de la vie : les avis ne vont-ils pas varier selon le sexe, selon l'âge, selon le milieu professionnel des parents... On est, en réalité, occupés à fixer **la problématique** qui va nous guider tout au long de la recherche.

Il faut aussi dresser **le cadre de l'enquête** : au sein de quelle population ? Les étudiants seuls ou les résidents compris ? Une fois cette population définie, allons-nous les interroger tous ou choisir un petit nombre, dont nous savons qu'il sera représentatif de l'ensemble ?

Ces définitions et cadres établis, il reste à dresser **le questionnaire** auquel on va soumettre les gens. Comment formuler les questions ? Combien de questions ? Dans quel ordre ? Ces questions et surtout les réponses doivent atteindre au mieux le concept défini préalablement, les composantes de celui-ci également. Les variables que l'on a identifiées (sexe, âge,...) devront apparaître dans ce questionnaire. Celui-ci va sans doute se présenter sur un formulaire standardisé.

Le type de questions n'est pas sans effet sur toutes les démarches qui vont suivre. Questions fermées où l'on répond par oui ou par non ? Questions ouvertes où l'interviewé s'exprime librement ? Il faut faire un **choix définitif de stratégie**. Les premières ont l'avantage d'être exploitées rapidement, par contre, elles sont porteuses de beaucoup moins d'informations...

Avant de descendre sur le terrain, on aura bien réfléchi également à **la technique d'interview** : à quelle heure, à quel endroit ?...

Ces premières réflexions faites, questionnaire en mains, le chercheur peut aller **à la rencontre de la population** qu'il a définie et l'interroger.

Les interviews terminés, il faut maintenant **dépouiller le contenu des formulaires**.

Cela signifie en général retranscrire les réponses en clair, ou sous forme codée. Cette réécriture se fera probablement sur support informatique (figure n° 2).

Le **traitement des données**, étape ultérieure, n'en sera que facilité. Les premiers comptages effectués concerneront sans doute le nombre de sujets interrogés, répartis selon les variables (sexe, revenu,...). Les autres préoccupations du chercheur seront de chiffrer pour telle variable, les comportements les plus fréquents, de les comparer avec ceux observés pour les sujets correspondants à telle autre variable, etc.

Des tendances semblent déjà se dessiner : les filles ont plutôt telle réaction sur tel sujet, mais celles qui appartiennent à un milieu privilégié sont plus attentives à ceci... C'est donc, pour le chercheur, **un premier moment d'interprétation**. Peut-être va-t-il se rendre compte à ce moment qu'il a oublié d'inclure telle variable ou telle question. Ne va-t-il pas devoir retourner sur le terrain? Réinterroger toute ou partie de sa population?

Figure n° 2

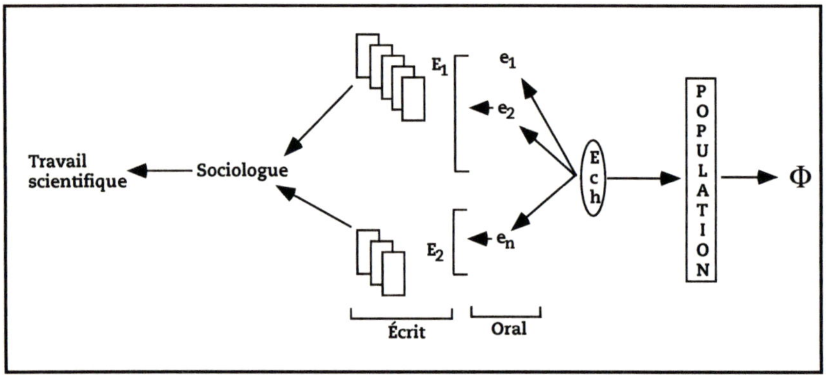

Il pourra dès lors procéder à **l'interprétation finale** et notamment imaginer l'action de certaines variables cumulées à d'autres: le sexe + l'âge provoquent telle opinion de manière systématique ou significative, par exemple.

Convaincu de la validité de ses résultats, le chercheur va s'empresser de les faire connaître. Il **présentera** dans une suite relativement logique: la problématique qui l'a guidé, la méthode suivie, le traitement pratiqué sur les données collectées, le jeu des variables et leur influence. Il n'est pas exclu que ces résultats incitent les politiques à prendre des mesures.

C. Conclusions: les étapes de la recherche ou le plan du cours

Ces deux exemples ont la prétention de faire découvrir les étapes de la recherche scientifique. Et ces étapes ne sont rien d'autre que le plan de ce qui va suivre.

Choisir son sujet et la façon de l'aborder: **définir** l'objectif, faire l'**inventaire des méthodes disponibles**, établir **la problématique** (questionnaire et état de la question). Cette première étape

se conclut par le choix définitif d'une méthode, l'adaptation peut-être de celle-ci au problème spécifique, et surtout par la maîtrise des faiblesses inhérentes à cette méthode.

Puis vient la collecte des données : consulter des documents dans une administration... interroger les gens... À ce moment déjà le chercheur procède à une **première évaluation de la qualité des informations** engrangées qu'il **met en tableaux**. Toutes ces données rassemblées, mises en ordre, prêtes à être exploitées constituent ce qu'on appelle « **le corpus** ».

On peut dès lors soumettre celui-ci au **traitement** : classements, tris, comptages... Ces différentes opérations s'accompagnent d'une première interprétation. Il en découle parfois la nécessité d'opérer un **correctif à la méthode** choisie initialement. Peut-être qu'un **correctif à la technique de mesure** s'impose également. C'est le moment aussi où l'on **confronte** les résultats avec ceux obtenus par d'autres chercheurs.

De toutes les idées et conclusions émanant de ces traitements, interprétations et lectures, il faut **constituer un ensemble cohérent**, opérer la synthèse. Celle-ci implique, outre l'agencement des différentes constatations, **la description** de cet ensemble (re)construit.

Énumérer les choses ne suffit pas. Il faut **expliquer** leur pourquoi.

Alors seulement le chercheur peut **présenter** ses résultats à la société.

D. Définition de la critique historique

Ce long préambule permet de proposer enfin une définition de la critique historique : les étapes successives que suppose l'étude scientifique d'un phénomène ou d'un fait requièrent toutes une évaluation (si possible en la mesurant) de la qualité et de la pertinence des données et des méthodes utilisées pour les exploiter et les interpréter. L'ensemble des règles qui visent à cette évaluation peut s'appeler critique historique.

Est-ce à dire que la critique historique ne s'applique qu'à la démarche scientifique ? Lorsque l'on dit de quelqu'un qu'il a l'esprit critique, parle-t-on d'autre chose ? En réalité non. Nous avons vu que l'homme de science, après avoir posé le problème, collecte l'information nécessaire, traite celle-ci, obtient des résultats et tire ses conclusions. Le chef d'entreprise auquel se pose un problème de gestion par exemple, interroge ses subordonnés, fait la synthèse des avis reçus et sa conclusion se traduit par une décision.

Lorsque je prends mon journal ou regarde les informations télévisées, c'est pour, à propos d'un fait d'actualité qui m'intéresse, lire ou entendre les témoignages rapportés par les journalistes ou par ceux qu'ils ont interviewés, me faire une opinion qui débouchera peut-être dans certains cas sur une action. **Que ce soit l'homme de science ou « l'honnête homme », leur démarche est identique sur un plan logique**.

Il est donc normal que le cours de critique historique fasse allusion aussi à ces modes de réflexion plus communs.

On le fera d'autant plus que des médias, comme la presse et la télévision, outre qu'ils sont présents dans la vie quotidienne de chacun d'entre nous, représentent également en sciences humaines, soit des objets d'étude (sciences de l'information et de la communication), soit des sources relatant la vie à un moment donné (histoire, sciences politiques ou sociales, etc.).

Travail scientifique	← Chercheur →	Sources ← témoin →	Phénomène
Action	← Lecteur →	Presse →	Faits
Action	← Téléspectateur →	Journal télévisé →	Faits
Décision	← Manager →	Collaborateurs →	Situation

E. Lectures complémentaires

1. Exercice 1 : Analyse de la conjoncture économique

Voici sa démarche, présentée par P. DUPRIEZ et C. OST :

« ... Il reste à s'interroger sur la méthode concrète de la démarche conjoncturelle... Au départ, elle se nourrit de l'observation des faits : elle est analyse de l'information économique. Cette dernière doit rendre compte du présent, entre le passé qu'elle interprète et le futur

qu'elle aide à prévoir... La qualité de l'analyse augmentera... dans la mesure où seront courts les délais d'analyse, y compris la publication des résultats... Le conjoncturiste... doit agir non seulement avec perspicacité mais aussi avec rapidité... Pour raccourcir les délais d'analyse, on donnera la préférence aux indicateurs précoces et aux méthodes d'interprétation rapides... L'observation des faits... se fait au moyen d'indicateurs qui permettent d'organiser l'information économique... D'empirique, la démarche devient analytique et synthétique. Analytique, parce que au-delà de l'observation, il faut tenter d'expliquer les faits en référence à des concepts théoriques... Synthétique parce que les événements observés sont des phénomènes macro-économiques concernés par l'interdépendance générale... Cette caractéristique conduit à l'idée de diagnostic... [La démarche] appelle un développement spécifique des méthodes d'interprétation et d'analyse des données, qui permettent de tirer le meilleur parti des outils statistiques et informatiques... Enfin, la démarche conjoncturelle trouve sa pleine justification dans sa capacité opérationnelle... [elle] a la particularité d'être impliquée dans la réalité des faits... [Les démarches] n'ont d'utilité que si elles conduisent soit à élaborer des prévisions, soit à apporter une aide à une décision à l'égard de la situation économique...»

P. DUPRIEZ et C. OST, *L'économie en mouvement. Outils d'analyse de la conjoncture*, Bruxelles, De Boeck Université, 1986, pp. 29-33.

Question: Cette démarche est-elle conforme à celle connue pour les autres sciences humaines ? Similitudes ? Originalité ?

N.B. Ce texte peut être lu également à la lumière des chapitres qui suivent.

2. Exercice 2 : La démarche ethnographique

«L'enquête ethnographique a pour objet l'observation totale des sociétés sans machinisme et des hommes qui les composent [...] l'enquête orale, appuyée par l'observation directe des faits, est la seule méthode apte à fournir les documents incontestables nécessaires à la connaissance réelle des populations préindustrielles dont l'ethnographie s'efforce de rassembler les «archives totales». [...] L'ethnographie ne prétend pas agir seule. Tout en constituant la discipline de base pour l'étude et la compréhension de la vie des sociétés, elle doit travailler conjointement avec d'autres sciences et les problèmes qu'elle étudie lui imposent d'avoir constamment recours à des procédés différents de recherche. Sa démarche foisonnante est

facilitée par l'apport fructifiant de la psychologie, de l'archéologie, de l'histoire, de la linguistique notamment. [...] Plus que toute autre discipline, le choix de l'ethnographie témoigne d'une préférence délibérément admise par le chercheur. Il correspond à une vocation, et qui fera un bon ethnographe peut n'être qu'un piètre sociologue et vice versa [...] en raison de préférences personnelles, conscientes ou non l'ethnographe choisit les peuples chez lesquels il travaille [...] À travers les techniques observées, les rites enregistrés, les institutions étudiées, l'ethnographe tente d'atteindre des formes de pensées différentes [...] L'ethnographe cherche à travailler dans une atmosphère de confiance et de compréhension mutuelles, de façon à établir une complète communion d'idées. [...] L'ethnographe aborde les civilisations archaïques avec respect et humilité, et sa conduite doit être telle qu'il ne risque pas de heurter ou seulement de gêner ceux qu'il étudie pour les connaître; s'en faire des amis est le premier objectif sans lequel il n'atteindra pas les autres. Ces êtres que, faute de mieux, les ethnographes appellent des informateurs sont aussi divers que peuvent l'être les hommes. [...] La méthode d'interrogation varie avec chaque informateur ou chaque groupe d'informateurs, avec le lieu de travail, aussi avec les sujets étudiés. Il est apparu à l'expérience que le problème essentiel réside dans la manière dont les questions sont formulées. [...] L'ethnographe doit prêter attention aux faits, même les plus menus, qui rythment le déroulement d'une enquête. [...] L'enregistrement des réponses qui constituent la matière brute dont dispose l'ethnographe attelé à établir l'inventaire des faits particuliers à une société se poursuit avec la plus grande minutie. [...] Il ne peut être question de rédiger au fur et à mesure sur le terrain le résultat des enquêtes. [...] Ce n'est que plus tard, quand les matériaux se seront «décantés», loin de l'atmosphère chaleureuse et surchargée de subjectivité de l'enquête, que l'on pourra songer à une mise au point qui, la sérénité retrouvée, permettra de nouvelles recherches sur le lieu même. Le texte établi sera revu point par point avec les anciens informateurs et avec de nouveaux pour les ultimes vérifications afin d'en faire disparaître les erreurs d'interprétation, d'en préciser les parties litigieuses, de parvenir à une compréhension réelle des faits observés et d'être à même de les exposer objectivement à ceux qui y sont étrangers.»

J.P. LEBEUF, dans *Ethnologie générale*, Paris, Gallimard, 1968, pp. 180 sq (Encyclopédie de la Pléiade). © Éditions Gallimard.

Question: cf. exercice 1

CHAPITRE 2

CHOIX DU SUJET, DES MÉTHODES ET OBJECTIFS DE LA RECHERCHE

Au départ d'une recherche, le scientifique se fixe des objectifs, évalue les moyens dont il dispose et fait l'inventaire des questions auxquelles il doit répondre pour mener à bien son étude. Ses lectures l'aideront à dresser le questionnaire et à mettre au point ses méthodes de travail. Mais préalablement à tout cela, il aura choisi un sujet de recherche.

A. Le choix d'un sujet de recherche

Plusieurs facteurs peuvent expliquer le choix que fait le chercheur de se pencher sur tel problème plutôt que sur un autre.

Il peut s'agir d'une **affinité géographique**: le fait d'être né à un endroit, d'avoir grandi dans une région et de l'avoir aimée explique dans bien des cas que les préoccupations manifestées par un savant ont comme cadre un espace qui lui est sentimentalement proche. L'avantage de cette situation est sans doute l'enthousiasme qui va sous-tendre la longue, et parfois laborieuse étude. Le désavantage, par contre, est probablement le fait que, se sentant davantage impliqué, le chercheur sera tenté à certains moments d'oublier cette qualité essentielle pour un scientifique: l'objectivité.

En corollaire à ce premier facteur, on retient l'**affinité affective**. Avoir vécu, ou même peut-être avoir été victime de tel ou tel phénomène, soi-même, ses parents ou ses proches, explique parfois aussi le désir d'aborder un thème bien précis.

Que le sujet soit d'**actualité**, cela semble être une qualité du travail : les événements contemporains, ipso facto, vont susciter des recherches. Le terrorisme, la politique africaine, le rôle des médias... La liste est infinie.

Nos **lectures**, du même coup, peuvent nous mettre en éveil. Que ce soit la lecture d'un quotidien, l'audition d'une émission, d'une conférence, etc. À cette occasion, les premières questions se mettent en place. Davantage encore, des hypothèses de travail sont formulées.

L'**enseignement** reçu de nos maîtres est un des facteurs prédominants pour justifier un sujet de recherche. En effet, à propos d'une science qu'ils pratiquent, qu'elle soit dite exacte ou dite humaine, les enseignants font en général le relevé des théories qui la soustendent. Ce terme de théorie doit être bien compris. En sociologie par exemple, on se réfère à la théorie du suicide de Durkheim.

Mendras définit **la théorie** comme étant « une synthèse réunissant en un ensemble cohérent des propositions permettant d'expliquer un grand nombre de faits, et admise à titre hypothétique par les savants » [10].

Un astrophysicien, Hawking, écrit de son côté :

> « ... *une théorie sera valable si elle satisfait aux deux conditions suivantes : décrire avec exactitude une vaste catégorie d'observations sur la base d'un modèle qui ne contient que quelques éléments arbitraires, et faire des prédictions précises concernant les résultats d'observations futures. Exemple, la théorie d'Aristote selon laquelle tout était fait de quatre éléments, la terre, l'air, le feu et l'eau, était suffisamment simple pour effectuer des descriptions, mais elle ne permettait pas de prédiction précise. La théorie de la gravitation de Newton était fondée, elle, sur un modèle encore plus simple [...] cependant, elle prédisait les mouvements du soleil [...] et des planètes avec un haut degré d'exactitude. Toute théorie physique est toujours provisoire en ce sens qu'elle n'est qu'une hypothèse : vous ne pourrez jamais la prouver* » [11].

---

10. H. MENDRAS, *Éléments de sociologie*, Paris, A. Colin, 1975, p. 12 et pp. 122 sq.

11. S.W. HAWKING, *Une brève histoire du temps*, Paris, Flammarion, 1989, p. 28.

La découverte d'une théorie au cours d'une lecture ou d'un enseignement peut paraître séduisante au point qu'un chercheur soit tenté de vérifier son bien fondé dans le cadre de ses préoccupations. Moins englobant qu'une théorie, **le modèle** peut néanmoins susciter lui aussi une curiosité intellectuelle.

Il est des modèles sociologiques, géographiques, etc. Voici par exemple la définition qu'en donne un économiste: « un modèle économique est une formalisation logique (en général mathématique) de comportements, mécanismes ou cohérences économiques » [12]. Au modèle est donc, en général, associée une équation. Aux inconnues qui composent celle-ci, le chercheur attribue les valeurs rencontrées au cours de ses observations propres. Le modèle a lui aussi un rôle prédictif. Ces notions seront revues lorsqu'on abordera en fin de parcours « l'explication » et les « relations causales ».

Il convient néanmoins que l'on ait compris dès maintenant ce que signifie recourir à un modèle lors d'une étude.

Voici par exemple le géographe ou l'économiste occupé à s'interroger, à propos d'une région, des limites de la zone de diffusion de telle céréale. Il peut raisonner en utilisant le modèle de Von Thuinen [13]. Celui-ci part d'une simplification à outrance du problème en émettant une série d'hypothèses:

- *il y a un seul point de vente (marché) dans la région étudiée*
- *le prix de vente de cette céréale est constant* ($V = k$)
- *une seule céréale peut être cultivée*
- *le milieu est homogène (même altitude, même qualité...)*
- *les techniques de travail sont partout identiques*
- *les frais de production sont donc constants* ($P = k$)
- *le bénéfice doit être* ≥ 0 ($B \geq 0$)
- *les frais de transport T sont uniquement fonction du kilométrage (x): distance entre le point de vente et le lieu de la culture*

On a:

$$B = V - P - T$$

$$B(x) = k1 - k2 - T(x)$$

On a donc une équation de forme:

12. P. LÖWENTHAL, *Analyse conjoncturelle : vigie de l'économie*, Bruxelles, IRES, 1988, pp. 113-114.

13. Des détails dans C. PONSARD et H. BEGUIN, *Analyse économique et spatiale*, Paris, P.U.F., 1988.

$$B(x) = b - ax$$

Avec cette équation, on peut à propos d'un point de vente, calculer la distance extrême de culture d'une céréale permettant un bénéfice au paysan.

Soit un prix de vente V = 150 BEF,
des frais de production P = 100 BEF,
des frais de transport T = 10 BEF/km,
on obtient B(x) = 50 – 10(x)

Le modèle de base a donc été simplifié au point que l'on ne trouvera probablement jamais de situation réelle correspondant aux hypothèses. À partir de là le chercheur va précisément compliquer l'équation, par exemple en imaginant qu'il y a deux produits, deux points de vente, l'existence d'un fleuve navigable diminuant les frais de transport dans certaines directions, un relief non homogène, etc.

Au départ d'une recherche, s'inspirer d'une théorie ou d'un modèle pose au philosophe des sciences et au scientifique une **question épistémologique** fondamentale. En résumé, et donc en simplifiant, faire confiance à un modèle dès le début de la recherche, c'est faire un acte de foi. C'est accepter a priori, pour un phénomène à étudier, de le réduire à une formule dans laquelle il suffit d'attribuer une valeur aux inconnues. À l'inverse, la démarche dite expérimentale consiste, à propos de ce même phénomène, à rassembler sur le terrain un maximum d'observations et, au terme de cette accumulation, élaguer si nécessaire, décrire ce qui peut être reconstruit de cet objet d'étude et enfin, en expliquer le pourquoi. Même si ces deux attitudes scientifiques extrêmes paraissent caricaturales, elles n'en constituent pas moins des démarches qui existent ou qui ont existé dans certaines disciplines.

Après le modèle ou la théorie comme facteur instigateur d'une recherche, il reste à citer **la commande** d'une étude auprès d'un scientifique par une institution, voire par un individu : élaboration d'un sondage d'opinion à la demande d'un parti politique, étude épidémiologique au profit du ministère de la santé publique, mission d'audit dans une entreprise, etc.

Le sujet étant défini, l'enquête portera rarement sur la planète tout entière et depuis les temps les plus reculés : l'étude aura ses limites.

B. Les limites du sujet

Espace et temps, voilà les deux concepts qu'il faut rencontrer d'emblée.

1. Cadre géographique

Fixer le cadre géographique de l'enquête : cela paraît sans doute une banalité au lecteur non averti. La démarche pourtant est d'une importance cardinale. À ce point que l'on y reviendra avec force dans un autre chapitre. Le cadre géographique se comprend, d'abord, au sens très physique du terme. Quelles sont les frontières matérielles du **territoire** dont nous nous occupons : le quartier, la commune, la province, etc. Que l'on en soit bien convaincu, ce type de limite n'est pas toujours facile à déterminer. Plus difficile, a fortiori, lorsque la frontière est immatérielle, si l'on peut dire. C'est le cas, par exemple, lorsqu'il s'agit de définir une sous-population à l'intérieur d'un ensemble plus large : les agriculteurs, les pensionnés, les étudiants, etc. Il est même des cas où l'on se résout à qualifier la catégorie étudiée d'« infinie » parce que l'on est dans l'impossibilité d'en fixer les contours. Définir l'assise géographique et, par extension, **la population** étudiée, est non seulement une garantie du sérieux de l'étude mais aussi la justification de l'emploi, ultérieurement, de telle ou telle méthode statistique [14].

2. Cadre chronologique

Le cadre chronologique dresse les limites de temps. Il est important de fixer le « terminus a quo » et le « terminus ad quem » de l'observation et partant, du phénomène étudié. Pour des raisons

14. Exemple : les pratiques sont différentes en matière d'échantillonnage et sondage si la population est « finie » ou « infinie ».

de rigueur intellectuelle, le lecteur aime savoir exactement de quelle époque sont les événements dont traite l'ouvrage qu'il consulte. L'impérieuse nécessité d'annoncer les limites chronologiques s'explique aussi par **le souci critique**.

En effet, si l'événement rapporté appartient à un **passé lointain**, il est difficile, si pas impossible, de contrôler la véracité du témoignage, d'interroger tous les acteurs ou de vérifier les résultats.

Par contre, si l'événement se conjugue au **présent**, la disponibilité des témoins permettant tous les contrôles imaginables est un avantage auquel répond une faiblesse potentielle : la proximité du fait ne permet pas toujours le recul nécessaire favorisant l'objectivité de l'auteur.

Quant à l'étude d'un **événement futur**, appelée prospective, elle non plus ne permet pas de contrôle, sinon a posteriori. Si la grande majorité des sciences humaines étudie des phénomènes bien localisés dans le temps, il en est qui, à l'instar des mathématiques, raisonnent de manière intemporelle.

Il en est même, comme l'anthropologie lorsqu'elle s'intéresse au mythe, qui prétendent comprendre certains aspects de l'aventure humaine comme appartenant au « **temps anhistorique** ».

Choix et limites du sujet à traiter étant décidés, il faut opter pour une méthode ou des techniques d'investigation permettant de mener cette étude.

C. Premier choix d'une méthode et de techniques

La révélation au monde scientifique d'une méthode originale dans un domaine de recherche constitue, à notre sens, une des plus grandes qualités d'une étude publiée.

Mais, la plupart du temps, on **emprunte sa méthode** à l'un ou l'autre de ces « ténors ». Le plus souvent, ces techniques, apprises au cours de lectures ou suite à un enseignement reçu, sont adaptées et parfois améliorées en fonction des sources disponibles.

La méthode retenue a un **lien direct avec la collecte des données** qui suivra. On l'a vu dans les exemples cités au chapitre premier : choisir le taux de natalité comme technique de mesure de la fécondité impose la connaissance de l'effectif de population et du nombre de naissances. Pour chaque année d'observation, voilà les deux chiffres à collecter.

Une **question de stratégie** oriente les choix : grand nombre de travaux doivent faire face à des contraintes de temps et de moyens financiers. En général, il y a une corrélation positive entre le niveau de rigueur scientifique et le temps nécessaire pour mener à bien la recherche. Au savant de trouver un juste milieu.

Il ne faut pas se leurrer non plus sur le caractère définitif du choix des techniques : à ce moment-ci de la démarche, les objectifs sont clairs, certes, mais pas intangibles et immuables.

D. Objectifs

Dès le début, il faut s'efforcer de savoir précisément où l'on va. Les objectifs sont à la fois généraux et particuliers.

1. Objectifs généraux

Généraux, parce que vrais pour toute recherche, quelle qu'elle soit. Toutes les sciences tendent d'abord à **établir des faits**. Affirmation banale à première vue, mais combien difficile. En effet, tous ces faits sont **complexes** et empreints de **subjectivité**.

Pour mieux imaginer la complexité d'un phénomène, référons-nous au schéma suivant (figure n° 3) essayant de structurer l'ensemble « fécondité » en isolant tous les éléments le composant, et dont il est indispensable d'avoir une connaissance pour comprendre le fonctionnement de cet ensemble.

> « ... *la fécondité naturelle est influencée par l'intensité de la précocité des mariages... la stérilité croît avec l'âge... le délai de conception, la durée de la grossesse, le temps-mort qui suit le résultat de la grossesse dépendent plus ou moins de l'âge de la femme... le délai de conception dépend de la fréquence des rapports sexuels et de la proportion des cycles favorables... le temps-mort dépend du*

résultat de la grossesse (avortement spontané, naissance vivante ou non, etc.)...» [15].

Figure n° 3 : Complexité d'un phénomène démographique d'après G. WUNSCH et H. GÉRARD dans G. WUNSCH, *Op. cit.*

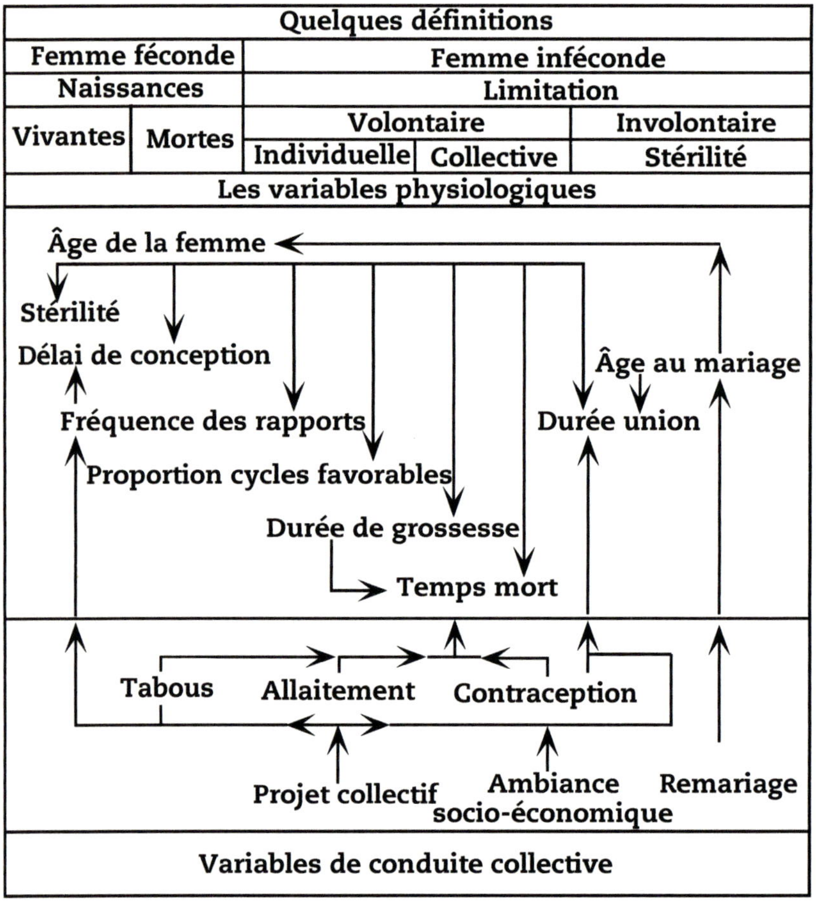

15. Pour plus de détails, voir G. WUNSCH, *Les mesures de la natalité*, Louvain, UCL, 1967, pp. 5-10.

S'il est vrai que « l'interprétation la plus commune de la complexité consiste à considérer celle-ci comme découlant de la difficulté de prendre en compte le très grand nombre d'éléments dont un sujet estime devoir tenir compte lorsqu'il tente de se représenter **un objet** (phénomène, etc.) sur lequel il veut intervenir », il faut aussi « regarder du côté du **sujet** pour comprendre la complexité et constater que celui-ci est loin d'être un encodeur passif. Bien au contraire, il est actif dans son activité de prise de connaissance. Il a recours à une multitude de stratégies et de ruses pour contourner les difficultés rencontrées : recours à l'analogie (hypothèse de ressemblance entre phénomènes) et à la métaphore (attribution de caractéristiques d'un objet connu à un autre objet à connaître), etc. » [16].

Cet auteur considère donc la subjectivité comme partie intégrante et explicative de la complexité. Dans ce texte-ci, le sujet désigne le chercheur. Or, bien souvent, celui-ci va à la rencontre de **témoins** pour les interroger. Eux aussi sont victimes de leur subjectivité : ils ont vu ou observé, puis interprété et enfin rapporté un événement. Autant d'étapes durant lesquelles ils n'ont pas agi comme des robots mais bien avec leur personnalité, leurs connaissances et leur cadre de référence...

Si l'homme de science établit les faits, c'est pour, ensuite, **comprendre** les hommes et leur comportement dans la société qui est la leur.

Le but final est-il de **découvrir des lois** ? Laissons parler Mendras à ce sujet :

> *« Toute science, dit-on, doit formuler un jour des lois. À la fin du siècle dernier, dans l'euphorie des premières découvertes et sûrs de leur foi au progrès de l'humanité, beaucoup de sociologues ont dit qu'il y avait des lois sociales. Aujourd'hui, il convient d'être plus modeste. Probablement y a-t-il des lois sociales, mais ne cherchons pas à les formuler trop rapidement, contentons-nous de découvrir des régularités, de constater que si A se rencontre toujours, dans notre expérience, avec B, cela ne veut pas dire que A soit la cause de B, ni même que A soit indissociable de B. L'étude de ces régularités*

16. M. Landry, D. Pascot, D. Ridjanovic, « Complexité, représentations et systèmes d'information », dans *Technologies de l'information et société*, t. 2, 1990, pp. 7-23.

permet dans une certaine mesure de faire des prévisions; de dire par exemple que si vous voulez A, vous aurez aussi probablement B.»[17]

2. Objectifs particuliers

Au-delà de ces objectifs généraux, il en est, bien entendu, qui sont particuliers à l'étude qui démarre. Si les premiers sont implicites à toute recherche, les seconds doivent être très clairement explicités. Il faut, d'emblée, **définir** avec grande précision le **concept** que l'on veut atteindre. Si l'on reprend les exemples du chapitre premier, qu'est-ce très précisément que «la fécondité» ou «la qualité de la vie»?

Cette définition est capitale car elle va dicter **le type de données à collecter**. Les moyens pour atteindre l'objectif fixé consistent en un certain nombre de réponses à des questions.

E. Le questionnaire ou la problématique

Le chercheur va dresser la liste de toutes les questions auxquelles il doit répondre[18].

Un premier questionnaire est établi sur base des connaissances du chercheur, connaissances alimentées par l'enseignement reçu au sens large et par son expérience personnelle.

L' objectif de recherche défini, des lectures vont s'imposer au scientifique. Elles vont susciter **d'autres interrogations**.

Une fois sur le terrain pour effectuer ses observations, le chercheur, au cours de ses interviews par exemple, va se rendre compte que tel ou tel fait, inconnu ou considéré comme négligeable, est en réalité ressenti comme essentiel par les témoins interrogés. Il faut dès lors revoir, en la complétant, la problématique initiale.

17. H. MENDRAS, *Op. cit.,* p. 13.

18. Il ne s'agit donc pas lorsqu'on emploie ici le terme «questionnaire» du questionnaire utilisé lors d'un interview.

Durant l'étape suivante de la démarche scientifique, et que nous verrons ultérieurement plus en détails, à savoir le traitement de toutes les données collectées, le chercheur va peut-être à nouveau découvrir le besoin d'intégrer une variable jusqu'alors ignorée.

Si l'on schématise la logique de la démarche dans l'ordinogramme qui suit, on dira que le questionnaire est l'objet d'une **itération** : il ne sera complet et définitif qu'au terme de l'étude.

Figure n° 4 : Ordinogramme

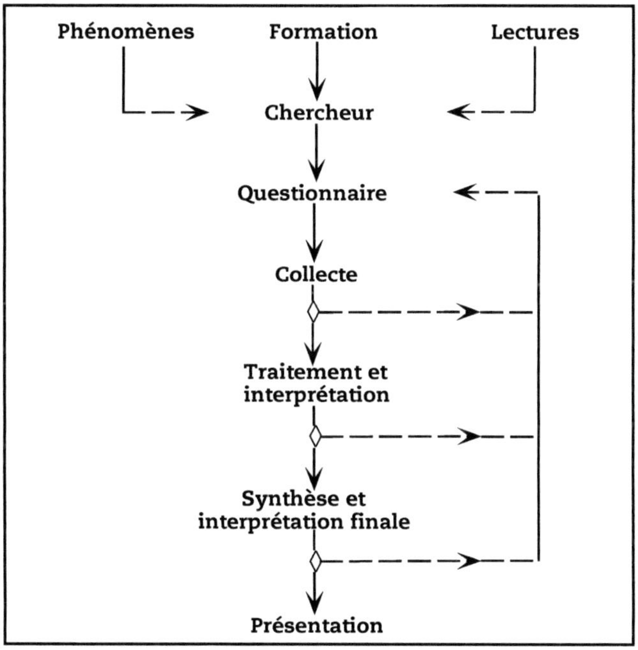

F. Conclusion : importance de l'heuristique

Tout ce qui précède montre l'importance qu'il y a à retrouver toutes les publications relatives au sujet. Cette opération s'appelle **l'heuristique**. Outre qu'elle permet de se rendre compte si le travail envisagé n'a pas déjà été réalisé par quelqu'un d'autre, elle contribue à perfectionner le questionnaire et les méthodes.

Quels sont les **instruments de travail** pour faire une bonne heuristique, pour identifier toutes les références utiles ?

Ces références sont soit des **livres**, parfois appelés monographies, soit des **articles** parus dans des revues ou périodiques. Les uns et les autres sont identifiés par un auteur (ou plusieurs), un titre, un lieu et une date de publication. Les livres sont souvent la synthèse de plusieurs années de recherche et couvrent en général un sujet assez large. Les articles de revue, par contre, traitent plutôt de matières plus limitées et sont souvent la première révélation des résultats d'une recherche. Il est important de bien faire la distinction entre ces deux formes de publications pour cette raison, mais aussi parce que les outils permettant de les identifier sont souvent distincts[19].

Il est des entreprises dont le but est de recenser tout ce qui paraît dans une discipline : les **bibliographies**. Les unes sont dites « **courantes** ». Ce sont celles qui effectuent ce recensement selon une périodicité régulière : hebdomadaire, mensuelle, trimestrielle, etc. Le C.N.R.S. en France par exemple fait ce relevé discipline par discipline[20]. Certaines de ces bibliographies courantes vont plus loin que la simple énumération de titres de livres ou d'articles et font un résumé très court du contenu ce ceux-ci. Ce type de résumé s'appelle de plus en plus, et même en français, « abstract ». En sociologie par exemple, on peut consulter le *Sociological abstracts*. Chaque chercheur, dans son domaine, doit connaître ces instruments de travail : leur existence, mais aussi leur « couverture ». On entend par ce dernier terme la proportion de la production scientifique recensée par rapport à la production réelle : les limites les plus fréquemment rencontrées sont géographiques et linguistiques. Les bibliographies américaines par exemple négligent souvent ce qui n'est pas anglo-saxon.

---

19. Ce qui suit ne peut être qu'une introduction superficielle à l'heuristique. Je recommande vivement la lecture de G. LEFORT, *Savoir se documenter*, Paris, 1990.

20. Institut national de l'information scientifique et technique, *Produits et services*, mis à jour le 26 mai 2000, visité le 4 juin 2000, <http://www.inist.fr/accueil/prodt.html>.

Il est des relevés « courants » qui se pratiquent par pays et qui sont en général orchestrés par les Bibliothèques nationales. Ce sont précisément les **bibliographies nationales**. D'autres bibliographies sont dites « **rétrospectives** » : dressées à un moment donné, elles recensent tout ce qui est paru jusqu'à cette date.

Beaucoup de ces outils paraissant sur support papier sont en réalité préparés sur ordinateur. La masse des informations que contiennent ces bibliographies sont de plus en plus encodées, stockées et gérées sur supports informatiques. Et, au lieu de diffuser leurs résultats sur papier, les producteurs vendent l'accès direct (*on line*) à la **base de données**[21]. Dans ce cadre-là, une autre pratique se généralise : ces mêmes producteurs font une copie de la base de données sur une matrice de disque, à partir de laquelle on multiplie les disques diffusés dans le commerce : les CD-ROM lisibles sur des PC. Grâce à internet, l'accès aux bases de données est aujourd'hui grandement facilité. Durant les exercices de recherche documentaire associés à ce cours de critique historique, les étudiant(e)s auront l'occasion d'expérimenter les techniques qui y sont associées.

Les livres et articles indispensables à l'étude, une fois identifiés, il reste à y accéder. C'est le rôle des bibliothèques. On vérifiera si la bibliothèque possède ces ouvrages en consultant les **catalogues** de cette institution. Les catalogues ne sont rien d'autre que l'inventaire des livres ou des revues présentes et disponibles pour le lecteur.

Nous avons donc envisagé l'heuristique dans son concept étroit de recherche de publications (travaux) scientifiques consacrées à un sujet. On peut l'entendre plus largement en y englobant la collecte des données dont on va débattre (sources).

---

21. Pour entrevoir la richesse d'information de toutes ces bases de données, consulter : J.P. LARDY, *Les serveurs commerciaux de bases de données*, mars 1999, visité le 3 juin 2000, <http://urfist.univ-lyon1.fr/bd-serv.html>.

CHAPITRE 3

COLLECTE DES DONNÉES : DÉFINITIONS

Avant d'aborder la collecte des données proprement dite, mettons-nous d'accord sur le vocabulaire employé. Voici des phrases banales : « quelles sont vos sources d'information ? », « il y a peu de documents qui traitent de ce sujet », « ce document est riche en informations, c'est une excellente source »,... C'est à définir leurs termes que s'attache ce chapitre.

A. Notions de base

Le mot **information** est aujourd'hui utilisé dans un grand nombre de sens. Le sens le plus littéral nous paraît être celui de « parcelle de savoir qui vient mettre en forme et modifier la connaissance ». Il semble admis aussi, dans l'abondante littérature aujourd'hui consacrée au sujet, que l'information est un « message reçu », qui suppose un émetteur et un récepteur. Elle possède donc une structure tripartite.

Fréquemment, et dans un sens relativement proche du précédent, le mot information est associé **aux grands médias** : informations télévisées et de presse. La tripartite évoquée est évidemment présente : un émetteur qui est l'auteur appelé généralement journaliste, un message qui est l'article et les informations qu'il contient et enfin le récepteur qui est le lecteur ou le téléspectateur.

Les manières d'appréhender la notion d'information sont multiples, et partant, sa définition également. On peut, par exemple, se braquer sur **l'aspect économique** : une information est un message qui a une valeur. Sa conception et sa création ont sans doute coûté du temps et de l'argent à son auteur, la mise à disposition également, et le destinataire, riche de ce nouveau message, peut à son tour en tirer profit.

Une **lecture juridique** du concept d'information est un autre exemple. L'homme de loi sera attentif alors, toujours dans la structure tripartite évoquée, aux droits de l'émetteur et parlera de droits d'auteurs pour les « créations intellectuelles » (une chanson, un livre, un logiciel, une banque de données,...) et les « créations industrielles » (brevets, secrets industriels,...). Du point de vue du message, il se préoccupera notamment du respect de la vie privée. Quant au destinataire, le juriste lui reconnaît le droit de recevoir une information vraie et lui fixe des limites dans l'utilisation qu'il peut faire de cette information[22].

Le terme **document** peut être présenté plus rapidement. Nous le considérons ici comme le support physique et statique qui contient précisément l'information.

La **source**, c'est l'ensemble : document plus information. Mais nous considérons cet ensemble comme une source à partir du moment où le chercheur l'utilise pour en retirer l'information.

On va revenir sur cette notion. Mais on peut d'ores et déjà signaler des situations où le message se confond avec le support. C'est le cas des monuments historiques ou de toute trace archéologique : les différents cercles concentriques que constituent les vestiges des murs d'enceinte d'une ville médiévale révèlent la croissance démographique de cette zone d'habitat ; le géographe, l'anthropologue, le sociologue, l'historien scrutant le paysage qui est devant eux déduisent de cette lecture une masse d'informations sur les techniques agraires, les formes d'habitat, les pratiques collectives,...

Il est des situations où le support de l'information est apparemment absent, comme le discours au moment où il est prononcé.

L'information, dès cette première approche étymologique, présente des visages variés et multiples. Mieux la cerner encore suppose

22. A. LUCAS, « La notion d'information : approches juridiques », dans *Brises,* n° 12, 1988, pp. 9-12 et H. CARVAIS-ROSENBLATT, « Essai de typologie de l'information », dans *Ibidem,* pp. 13-19.

que l'on se limite à des aspects relevant plus spécifiquement de nos sciences humaines et de la critique historique. Dans un diptyque néanmoins : le message lui-même d'une part, son support d'autre part.

B. Typologie de l'information

À vouloir classer, énumérer des types d'information on peut, dans un premier temps, le faire en tenant compte de la forme selon laquelle elle est fournie. S'agissant dans ce cours de méthodologie de la recherche scientifique, on considérera également l'information dans le schéma relationnel incluant le savant et le phénomène qu'il étudie.

1. Typologie selon la forme

Dresser une typologie de l'information selon la forme avec laquelle celle-ci se présente, c'est aussi la répartir selon le sens utilisé par l'individu pour la capter.

Il y a l'information **sonore** qui fait appel à l'ouïe : communication téléphonique, chanson, discours,...

Avec l'ouïe, la vue est le sens associé le plus souvent à la réception d'un message. On parle d'information **textuelle** dans le cas du livre : elle y est à la fois alphabétique, numérique, et si nécessaire, schématique.

Lorsqu'elle ne comporte que des chiffres comme les publications statistiques par exemple, elle est dite **numérique**[23].

L'information basée uniquement sur des schémas, dessins, photos,... s'intitule **graphique** et parfois **visuelle** : les cartes géographiques appartiennent à cette catégorie.

23. En informatique, toute information élémentaire (caractère alphabétique, numérique, signe diacritique, fréquence sonore,...) se traduit par la combinaison binaire des 1 et 0. Une information ainsi convertie, notamment pour un traitement informatique, est dite numérisée.

Dans les situations exceptionnelles, le toucher (information **tactile**) remplace la vue : le cas bien connu de l'écriture Braille illustre cela.

De plus en plus, l'ouïe et la vue de l'individu sont sollicitées en même temps. On parle alors d'information **audiovisuelle**, combinant le graphique et le sonore.

Quel peut être l'intérêt de cet exercice de typologie dans notre **perspective critique** ?

Il nous fait d'abord découvrir la notion de **support** pour laquelle nous avons déjà évoqué l'intérêt. Le support peut en effet influencer la façon de « lire » et de décrypter une information ; on reviendra sur ce point. Disons déjà que le **psychologue** distingue l'image de l'expression verbale ou textuelle, l'une appartenant au processus **primaire** (monde du rêve), les autres au processus **secondaire** (pensée raisonnée).

Du point de vue de la perception, autant le système éducatif apprend une « syntaxe » de lecture du texte, autant la « lecture » d'une image n'obéit à aucune **convention**, ce qui entraîne une polysémie de l'image.

Les spécialistes de la sémiologie (étude des signes de la communication) aiment opposer image et texte. L'image représente des objets **concrets** tandis que le texte est plus apte à évoquer des concepts **abstraits**. Et d'ajouter que dans l'audiovisuel, le texte vocal est indispensable pour limiter la polysémie de l'image, que le son (musique) parvient à mettre une ambiance, un climat.

La concurrence de l'image, du texte dit et du son est une caractéristique de l'audiovisuel sur laquelle on reviendra certainement.

Ensuite, cet exercice de typologie nous révèle l'existence de documents dont l'information est de nature **volatile** : une conversation téléphonique, par exemple, appartient à ce genre. « Verba volant… ». La possibilité ou l'impossibilité pour le « récepteur » de **revenir sur l'information** ou de s'arrêter sur elle est importante d'un point de vue critique. Cette notion de récepteur nous rappelle fort à propos le schéma :

Chercheur →	Document	← Phénomène
Récepteur →	Message	← Émetteur

2. Typologie selon la relation chercheur-phénomène

On peut, sous cet angle également, faire une typologie de l'information selon la relation chercheur-phénomène. Nous distinguerons d'abord l'information disponible : celle qui existe indépendamment du chercheur et que celui-ci peut analyser. Ensuite, l'information suscitée correspond à celle que le chercheur fait naître ou provoque. Enfin, le chercheur peut se rendre sur le terrain, se mêler à la société qu'il étudie : on parlera alors d'observation.

C'est **l'information dite disponible** qui va surtout retenir notre attention. Nous la subdivisons elle-même en information brute et en information élaborée.

L'**information brute** existe, comme on vient de le dire. Mais si elle existe, ce n'est pas à l'intention du chercheur. Par contre lorsque celui-ci décide de la « rencontrer » parce qu'il est certain qu'elle peut lui apporter un message, cette information et son document qui la porte deviennent une « source » pour lui. On distingue traditionnellement source matérielle, source d'archives et source littéraire.

Toute trace laissée par l'homme ou la collectivité peut devenir porteuse d'information : on a cité plus haut les traces archéologiques et les paysages eux-mêmes qui deviennent des sources pour qui veut les « lire ». Celles-ci sont dites **matérielles**.

Les sources d'**archives** sont des sources écrites. Alors qu'autrefois l'écriture supposait un scribe pratiquant le geste d'écrire avec un instrument, la notion est bien sûr aujourd'hui élargie : dans une entreprise, les bandes magnétiques contenant les ordres de paie à la banque pour les employés de cette maison sont des sources écrites. On les dira même « d'archives » car elles sont produites par une institution. Une personne agissant au nom d'une institution et rédigeant un document dans ce cadre produit également une source d'archives. L'état civil, par exemple, appartient à cette catégorie.

La source dite **littéraire** est aussi écrite, avec une nuance peut-être que nous évoquerons. Les romans, qu'ils soient de fiction ou autobiographiques, les Mémoires, les discours, les pamphlets... appartiennent à ce monde littéraire.

La nuance que nous annoncions concerne les sources **orales**. Discutant ici de l'information brute et non de l'information suscitée, on n'évoque pas ici les interviews mais l'information qui se transmet par la parole uniquement. Ces pratiques sont souvent le fait des sociétés sans machinisme. Légendes, récits mythiques... C'est notamment le monde de l'anthropologue et de l'ethnologue. Certains rangent les sources orales dans le genre littéraire, d'autres leur réservent une place à part.

L'**information élaborée** est ainsi appelée parce qu'elle a été fabriquée dans le seul but que le chercheur et, plus largement, le public puissent y recourir pour s'informer. Des personnes, payées par un marchand d'information ou par une institution publique, ont collecté de l'information sur le terrain, l'ont traitée et synthétisée. Le marchand ou l'institution la publient à l'intention du public. Cette information élaborée appartient alors aux sources dites **publiées** ou **éditées**. Ce concept va d'abord être présenté puis, nous verrons que le degré « d'élaboration » de cette information interpelle la critique historique.

Les **statistiques publiées** sont l'exemple qui s'impose ici. La Banque nationale de Belgique, les banques, l'Institut national de statistique, les ministères, la CEE, l'UNESCO... publient officiellement les résultats de leurs comptages, enquêtes...

Le recensement décennal de la population en Belgique est un exemple parmi les milliers de sources publiées qui nous permet de comprendre ce que signifie « élaboré ». Au départ d'un recensement de population, chaque individu et chaque ménage fait l'objet d'une description : un formulaire est rempli par l'individu ou le chef de ménage et des agents recenseurs sont chargés d'aider et de superviser ces déclarations. Ce n'est évidemment pas ce formulaire complété qui sera publié. Ce formulaire appartient à la catégorie de sources évoquée plus haut : les sources d'archives. Ce formulaire va suivre son bonhomme de chemin. Un employé va le coder (réduire à un code des mentions répétitives comme le sexe du déclarant), un autre va probablement en faire la saisie sur un support informatique et sera ainsi constituée une banque de données que le statisticien-démographe va traiter. On va additionner les individus, les ménages, faire des comptages par communes, par cantons, par arrondissements, par provinces. Les résultats qui seront publiés ne seront que des sommations et des agrégations de ce type, **nous éloignant très fort de l'information primaire** mais nous évitant par contre de refaire des calculs énormes à partir d'elle. Le travail est mâché, c'est le rôle de l'information élaborée. De plus elle est facilement accessible puisque les bibliothèques et même les particuliers peuvent acheter ces publications. De plus en plus, ces informations sont disponibles en édition électronique : non plus sur papier mais sur des supports optiques ou informatiques. On parle alors de banques de données factuelles, accessibles en ligne (*on line*) sur les ordinateurs des « producteurs » d'informations ou ceux des « serveurs » louant leurs équipements informatiques à ces producteurs. De plus en plus également, ces banques de données sont copiées régulièrement sur des supports tels que les CD-ROM et lisibles sur un ordinateur personnel.

La notion d'information élaborée étant comprise, il faut bien saisir « le degré » d'élaboration.

Le chiffre de population qui apparaîtra dans l'*Annuaire statistique* résumant par des sommations et des agrégations les observations élémentaires faites au sein des ménages est un chiffre réel et ne veut rien signifier d'autre qu'un effectif de population à un endroit à un moment donné. D'autres informations que nous qualifions aussi d'élaborées n'ont pas ces caractéristiques. Ce sont les estimations et les indicateurs.

Lorsqu'il est trop pénible et trop coûteux d'aller sur le terrain pour compter ou mesurer le phénomène étudié, il faut bien se résoudre à faire des **estimations**. Il n'est pas déraisonnable pour l'économiste de connaître, par exemple, la valeur de la production agricole de son pays.

Ainsi, la Banque nationale de Belgique procède annuellement à cette estimation[24]. Exposer rapidement la méthode utilisée par elle, montre assez bien la distance entre une **observation réelle** et une estimation. La production agricole y est divisée en deux volets : la production végétale et la production animale. Seule la première va être évoquée ici. On se rend vite compte que la production végétale telle qu'elle est comprise exclut la production des forêts et celle de l'horticulture. Soit. La production végétale « se fait en multipliant les superficies cultivées (en ha) relevées lors du dernier recensement, par leur rendement moyen (exprimé en 100 kg par ha). » Le rendement utilisé dans la formule (Production = Superficie x Rendement) est lui-même le résultat d'une estimation : c'est la moyenne de résultats observés chez cinq cents correspondants. L'étape ultime est la conversion des données estimées en nature en valeur monétaire. Là aussi on travaille à grand renfort de prix moyens et d'arrondis. La méthode est valable mais l'utilisateur de ces données doit bien être attentif à ce qu'elles recouvrent. Néanmoins, les estimations sont des données précieuses pour le chercheur. Il est des endroits d'ailleurs où il est préférable de se baser sur des estimations bien menées plutôt que sur des données soit-disant issues d'observation. Dans pas mal de pays en voie de développement par exemple, où l'état civil est très mal tenu et les recensements de population fort lacunaires, les démographes préfèrent fabriquer des estimations correctes à partir de renseignements partiels mais de qualité[25].

L'**indicateur** est un type particulier d'information élaborée. On peut le définir comme étant, par rapport à l'ensemble du phénomène à étudier, **un élément révélateur** du comportement de cet ensemble. On ajoutera, pour être complet, que l'indicateur au sens strict retenu ici, suppose le **consensus** de la communauté scientifique en ce qui concerne cette qualité de « révélateur ». Certains indicateurs comme le Dow Jones sont basés sur des valeurs

24. À titre d'exemple : Estimation de la production agricole belge, d'après BANQUE NATIONALE DE BELGIQUE, *Statistiques économiques belges 1960-1970,* t. 1, pp. 37-38, s.d.

25. Voir par exemple *Manuel X, Techniques indirectes d'estimation démographique,* New York, Nations Unies, 1984 (*Études démographiques*, n° 81).

réellement observées et mesurées. D'autres sont moins le résultat de mesures **concrètes**. C'est le cas notamment des « indicateurs synthétiques » qui, par définition, vont jusqu'à faire la synthèse de plusieurs indicateurs : l'indicateur synthétique du climat économique CEE est la combinaison de l'indicateur de confiance de l'industrie manufacturière + celui de l'industrie de la construction + celui des consommateurs + l'indicateur des appréciations des investisseurs. Mis en graphique, il visualise l'optimisme économique de la société européenne, comme un baromètre mesure la pression atmosphérique, à la différence essentielle près que la mesure est purement **abstraite**[26].

Du **point de vue de la critique historique**, il est important d'être attentif d'abord à ce fait : le caractère **abstrait** ou **concret** de ce que l'on mesure et, par ailleurs, la différence entre une observation **réelle** sur le terrain et une valeur **estimée**. Ensuite, on ne pourra jamais oublier que toute information élaborée implique de **nombreux intermédiaires** entre l'observation initiale et l'édition des résultats. Par ailleurs, l'information élaborée suppose souvent des **sommations** et des **agrégations** de données brutes : les chiffres nationaux sont la sommation de chiffres provinciaux, eux-mêmes de chiffres par arrondissement synthétisant les chiffres des communes. Et ne répondez pas que les « erreurs s'annulent » car, dans bien des cas, les erreurs se cumulent au gré des sommations. Enfin, ces opérations ne peuvent qu'entraîner une **perte de précision** à chaque **étape**. Reprenons le cas d'un recensement : les données nombreuses et précises sont collectées au niveau des ménages ; agrégées par communes, puis par arrondissements et par provinces, elles ne permettent plus d'analyser des **comportements individuels**. Réduit à les utiliser, le chercheur a perdu en **quantité** et en **qualité** d'information. On avait prévenu le lecteur que l'information élaborée nous retiendrait longtemps.

Information « brute » et « élaborée » sont donc deux types d'information qui sont disponibles de manière relativement directe au chercheur. Il peut toutefois arriver que celui-ci doive la créer lui-même, en provoquer l'apparition ; l'information sera alors **suscitée**.

---

26. Une présentation dans P. Dupriez et C. Ost, *Op. cit.*

Pour l'obtenir, le chercheur doit procéder soit par **interview**, où tous les individus interrogés – souvent un **échantillon** – reçoivent le même questionnaire, soit par **entretien**, qui constitue un dialogue personnalisé amenant le sujet à raconter tel ou tel événement qu'il a vécu (autobiographie,...). Ces deux modes d'interview sont à distinguer fondamentalement **du point de vue de la critique historique**: le premier a généralement comme but de connaître **l'opinion** d'un groupe, le second vise à connaître **la réalité** des faits (**vérité**) passés.

On parlera d'**observation** lorsque le chercheur se rend sur le terrain. Cette observation peut être **volontaire**, lorsque le chercheur vit un événement ou s'immerge dans une population et l'observe: c'est le cas de l'ethnographe. Elle est dite **involontaire**, lorsqu'il est témoin d'un événement sans l'avoir voulu.

CHAPITRE 4

COLLECTE DES DONNÉES : PRINCIPES GÉNÉRAUX CONCERNANT LES TECHNIQUES D'OBSERVATION

La collecte des données est une étape essentielle lorsqu'on entreprend une recherche. Elle appelle quelques précautions au niveau des techniques d'observation qu'elle nécessite. Nous allons les envisager dans ce chapitre.

A. Les mesures partielles ou indirectes

Les techniques d'observation utilisées lors de la collecte des données n'investissent généralement que partiellement ou indirectement le phénomène étudié d'une part, et une partie de la population soumise à ce phénomène d'autre part. Il est en effet souvent difficile, si pas impossible, d'investiguer le phénomène dans son ensemble ou dans la population entière ; les phénomènes sont en général trop complexes et les populations trop grandes pour qu'il soit réaliste d'envisager l'interview de chaque individu et de cerner tous les aspects du sujet de façon complète. Le chercheur va donc devoir limiter son étude à un aspect du phénomène révélateur de celui-ci et à une partie de la population représentative de celle-ci.

1. Une partie du phénomène : l'indicateur

En premier lieu, il va donc falloir choisir et définir l'élément de l'ensemble révélateur de celui-ci. Ce choix ne se fait pas au hasard : il faut que cette partie soit suffisamment **représentative** du phénomène dans son ensemble. Cette question nous renvoie à la notion d'indicateur vue au chapitre précédent, défini comme « élément révélateur du comportement de l'ensemble du phénomène étudié ».

Qu'est-ce qui peut jouer le rôle d'indicateur ? Ce peut être **un élément constitutif** de l'ensemble (concept ou phénomène) étudié : l'existence d'« espaces verts » est constitutif du concept « qualité de la vie ». Ce peut être encore **un élément d'une relation causale** : soit A est la cause de B, ce qui entraîne que la présence de B est révélatrice de A. Si les quartiers riches d'une ville disposent de beaucoup d'espaces verts, ceux-ci peuvent devenir un indicateur du niveau de vie des habitants. Contrairement à la notion d'indicateur vue *supra*, il n'y a pas ici de consensus a priori des chercheurs sur la **pertinence** de l'indicateur : le chercheur doit convaincre ses lecteurs de cette pertinence.

L'indicateur prend souvent la forme d'un **ratio**, rapport entre deux variables : la superficie des espaces verts/espace total, le nombre des naissances/effectif de la population...

On distingue généralement indicateur objectif et indicateur subjectif. En sociologie religieuse, par exemple, le phénomène étudié peut être l'intensité de la croyance religieuse. Le sociologue abordant cette question par l'intermédiaire d'une interview au sein d'un échantillon, considérera les résultats de l'enquête comme un indicateur qu'il qualifiera de « **subjectif** » : c'est l'enquêté lui-même qui se définit comme croyant ou non. L'indicateur « **objectif** » par contre, correspondra à des comptages de la pratique religieuse : ainsi, la pratique dominicale (proportion des personnes fréquentant l'office du dimanche) deviendra l'indicateur de la croyance religieuse dans une population donnée.

Le choix de l'indicateur implique quelques précautions supplémentaires à prendre.

D'abord, il est crucial de **définir** d'une façon précise **l'ensemble du phénomène** à atteindre par le biais des indicateurs. Si l'étude concerne la qualité de la vie sur un site (cf. chapitre 1), c'est ce concept de « qualité de la vie » qu'il faudra d'abord serrer au plus près.

Ensuite, il faut aussi donner une **définition précise des indicateurs** utilisés ; en démographie, taux de natalité et taux de fécondité par exemple, ne sont pas calculés de la même manière et donc ne révèlent pas avec la même précision le phénomène de reproduction dans une société (cf. chapitre 1).

Il faut alors **mesurer ce que ces indicateurs atteignent et ce qui leur échappe**.

Pour finir, on isolera tous les **facteurs perturbateurs**, c'est-à-dire ceux qui peuvent faire perdre à l'indicateur sa force de révélateur. Si l'on se souvient, la signification de l'évolution du taux de natalité pouvait être perturbée par la structure de la population. Prenons encore l'exemple de la presse comme indicateur de l'opinion publique. À supposer une étude sur le long terme (de 1900 à aujourd'hui) : la presse rencontre un sérieux concurrent dans les années '50, la télévision. Celle-ci « perturbe » dès lors l'indicateur retenu. Même exemple, mais dans le cadre d'une étude synchronique : l'opinion de la population à un moment donné sur un sujet. User de la presse uniquement comme révélateur, ce serait croire que toutes les couches sociales composant la société pratiquent la lecture et si elles la pratiquent, qu'elles le font de la même manière, à tous les âges... Voilà cités autant de facteurs perturbateurs. Après avoir défini la partie du phénomène à analyser, il reste à procéder au choix de la partie de la population à étudier.

2. Une partie de la population : l'échantillon

Reprenons l'exemple d'une étude de la qualité de la vie à Louvain-la-Neuve. La population concernée par ce phénomène est bien entendu la population de Louvain-la-Neuve. De quoi se compose-t-elle ? On y trouve à la fois des résidents et des étudiants. Si l'objet de la recherche l'y invite, la personne décidera de conduire son étude sur base de la population estudiantine de la ville. Mais son choix ne pourrait s'arrêter là : étant donné qu'il y a quelques milliers d'étudiants, il lui sera difficile de tous les contacter. Elle va se résoudre à n'interroger qu'une partie de la population.

Pour circonscrire cet ensemble, on recourt à la technique de l'**échantillonnage**. Sans présenter les nuances nécessaires, disons qu'il existe trois grandes techniques d'échantillonnage :

- le tirage au sort au sein de la population de base (1/10, 1/100, etc.) ;
- l'échantillonnage stratifié, où l'on pratique des taux de sondage différents en fonction des différents effectifs de chacune des strates (professeurs, assistants, étudiants) ;
- l'échantillonnage par quota, qui vise à retrouver dans l'échantillon les grandes catégories connues de la population (50% hommes et 50% femmes...).

La **taille** de l'échantillon joue un certain rôle quant à **la précision** des résultats que la collecte fournira. En effet, au plus l'échantillon est grand, au plus le chercheur obtient des résultats précis et proches de la réalité.

On voit donc à la suite de ce qui vient d'être dit que l'échantillonnage entraîne une **erreur**, puisqu'on n'interroge pas la population entière. Cette erreur, il faut pouvoir la contrôler ; elle est inévitable, mais connue et mesurable : la statistique permet de calculer un **intervalle de confiance**.

La question de savoir si l'échantillon est bien **représentatif** de la population totale nous renvoie à la statistique et à ses règles.

On a donc mis en évidence qu'une collecte peut ne concerner qu'une partie de phénomène ou de la population, ces parties étant représentatives de l'ensemble. Il faut être rigoureux quant au choix de ces parties. Voyons à présent la marche à suivre pour obtenir, au sein de ces sous-ensembles, un stock de données qui soit homogène et cohérent.

B. Pour un stock de données homogènes

Au terme de la collecte des données, le chercheur disposera d'un stock de données, un **corpus**. Il s'agit ici de vérifier l'homogénéité des données sur lesquelles va se fonder la recherche. Il nous faut construire sur de la pierre et non sur du sable. Et pour le dire par une autre sentence : on ne peut « additionner des pommes et des poires ». Or le danger est grand en sciences humaines. Leurs disciplines en effet travaillent par **échantillonnage**, on vient de le voir. Et cela peut entraîner des distorsions. Par ailleurs, la **quantité** d'informations à collecter est souvent importante. Ce qui induit une **durée** assez longue pour cette opération et/ou la nécessité de recourir à plusieurs **observateurs**. Ces caractéristiques de la collecte des données en sciences humaines, peuvent affecter l'homogénéité du corpus. C'est ce que l'on va voir.

1. Le biais

Dès l'instant où l'on travaille à partir d'un échantillon, il faut se poser la question du **biais** : l'échantillon est-il biaisé ? Comment l'éviter ?

Qu'est-ce que cette notion de biais ? Dans le cas d'un tirage au sort au sein d'une population (individus, communes, entreprises,...), un échantillon est biaisé lorsque tous les éléments qui composent la population de base (base de sondage) n'ont pas la même chance, la même probabilité, d'être tirés.

Prenons l'exemple d'une étude qui voudrait connaître l'opinion des étudiants de première candidature en Sciences Économiques à propos de la qualité de la vie à Louvain-la-Neuve ; cette première candidature est divisée en trois groupes, A, B et C. – Les enquêteurs choisissent comme base de sondage le groupe A et procèdent à l'interview des étudiants de ce groupe à l'entrée des auditoires. – Ce choix peut déjà être source d'un biais : en effet, si les groupes B et C ont une structure différente de celle de A au niveau des étudiants qui les composent, l'opinion exprimée par le groupe A risque de ne pas bien refléter celle de l'ensemble de la première candidature. D'autre part, le groupe A au moment de l'interview se compose d'étudiants présents au cours, les absents par définition n'étant pas là. Le fait de n'interroger que les étudiants présents peut aussi introduire un biais, car on peut penser que les étudiants qui ne viennent pas au cours présentent d'autres types de comportement et d'opinion que ceux qui assistent au cours. Les opinions exprimées par ces derniers ne reflètent donc peut-être pas correctement celles de leurs camarades, absents.

Les enquêtes par quota présentent également un danger de biais d'échantillonnage[27]. Les enquêteurs en effet, ne disposent pas d'une liste de noms, mais uniquement de consignes quant à la composition de l'échantillon en vue de respecter une structure élémentaire de la population de base (cf. *supra*). Dans ce cas, les risques de biais sont plus importants que dans le cas des échantillons aléatoires, mais ils sont moins visibles. Les distorsions de l'échantillon dues aux absences ou aux refus existent, quelle que soit la méthode utilisée. Mais elles sont plus difficiles à saisir lorsqu'on utilise la méthode des quotas. En effet, un enquêteur qui fait du porte-à-porte ignore si celui qui habite dans chaque logement présente les caractéristiques voulues ; s'il est absent, il tentera sa chance à la porte voisine. Il risque ainsi d'obtenir un échantillon dans lequel les personnes « inactives » sont sur-représentées au détriment des personnes « actives ».

Après avoir mis en évidence la notion de biais, schématisons ainsi la collecte des données en sciences humaines : un observateur rencontre une population appartenant à un temps (t) et à un espace (e), et il mesure en son sein une variable qui porte un nom. Chacun de ces termes va faire l'objet d'un examen quant au risque d'entacher l'homogénéité du corpus.

À ce stade de la collecte des données, il est une question essentielle sur laquelle il faut alors se pencher, celle de l'**unité** : unité du point de vue de l'observateur, de la population observée, du temps, de la mesure et de sa technique, et de vocabulaire. Le respect de ces unités permettra de constituer un stock de données homogènes.

27. Voir le biais d'échantillonnage dans les enquêtes par quota chez R. GHIGLIONE ET B. MATALON, *Les enquêtes sociologiques,* Paris, A. Colin, 1978, pp. 46-47.

2. Unité de l'observateur

Qu'en est-il de l'unité du point de vue de l'observateur ? De manière un peu simpliste, cela revient à vérifier si l'observateur a agi comme un « robot » tout au long de la collecte : en effet, il lui faut adopter l'**attitude la plus égale** possible dans la technique du questionnaire (enquête sociologique), celle de consultation et de dépouillement d'archives (relevés de chiffres,...).

Dans la technique de l'interview par exemple, il arrive que l'interviewer se forge une opinion au fur et à mesure qu'il interroge les personnes de l'échantillon. Car si au départ il n'a qu'une connaissance peu approfondie du sujet qu'il étudie, il en apprend un peu plus chaque fois qu'il procède à une interview, ce qui l'amène insensiblement à ne plus poser le même type de questions aux gens. De même, l'interviewer peut en arriver à se former un cadre de référence, à se créer lui-même des hypothèses et à avoir tendance à faire dire aux gens ce qu'il veut entendre. – Le type et la qualité des informations récoltées ne sont pas identiques du début à la fin : le corpus final n'est pas homogène. Ces remarques montrent l'importance de **la formation** des interviewers.

La fatigue de l'observateur risque aussi de perturber l'homogénéité des données. De longs dépouillements fastidieux de documents peuvent affecter la qualité des informations à cause de **la fatigue**.

Il est évident que tous ces problèmes, présentés au niveau d'un seul observateur, sont multipliés s'il y a **plusieurs observateurs**.

3. Unité de la population

Du point de vue de la population observée, comment éviter d'observer une autre population que celle prévue initialement ?

Les enquêtes auprès d'échantillons obtenus par tirages aléatoires ne sont pas exempts de ce risque : certains interviewers en effet s'écartent du plan d'échantillonnage en remplaçant ceux qui sont **absents** ou ceux qui **refusent** de répondre par des personnes présentes ou plus aimables. Cela va entraîner un biais.

La population étudiée est toujours liée à un **cadre géographique** : on veillera également aux changements d'assise géographique, qui n'est pas aussi immuable qu'on le pense. C'est le cas des communes belges aussi bien pour l'ancien régime que dans un cadre chronologique plus récent : fusion des communes aujourd'hui, éclatement hier, modifient sans que l'on s'en rende compte le cadre géographique de l'étude menée en longue durée.

La **structure** de la population, si on n'y prend garde, perturbe celle-ci (cf. *supra*, le taux de natalité) : le chercheur calculant le taux de natalité dans une même région et à des dates éloignées sans tenir compte de la structure par âge de la population va au devant de surprises. Comparer le taux de natalité au même moment dans deux régions différentes exige la même prudence.

La structure d'une population peut être liée à une **occupation différentielle de territoire** et la méconnaissance de cette caractéristique peut également biaiser la recherche : dans une ville, existent des quartiers pauvres et des quartiers riches ; une région est composée de communes rurales et de communes industrialisées...

4. Unité de temps

Au niveau du temps, la question de l'unité peut être également délicate.

Le **moment** de l'observation peut influencer le type de données qu'on collecte. Les personnes faisant partie de l'échantillon ont en effet des activités caractérisées par un mouvement journalier, hebdomadaire, mensuel,... Dès lors, si l'observateur passe tous les jours au même moment dans un lieu donné, il risque de rencontrer toujours le même type de personnes et d'obtenir le même type de réponse. Un exemple concernant le mouvement mensuel : enquêter dans le métro au mois d'août n'a rien de comparable avec une enquête au mois de septembre ; non seulement les effectifs de population ne sont pas identiques, mais la structure même de celle-ci est différente.

La **durée** de l'observation n'est pas neutre non plus au niveau de l'homogénéité des données. On a déjà montré son influence possible sur l'observateur et sur le cadre géographique. D'autres changements peuvent survenir au fur et à mesure que le temps passe. L'opinion des gens par exemple peut changer en cours d'enquête si celle-ci se prolonge. On a donc intérêt à réduire le plus possible la durée globale de l'observation, afin que les modifications éventuelles qui surviendraient entre-temps aient aussi peu d'influence que possible sur les résultats de cette observation. Autre exemple : les recensements de bétail dans les exploitations agricoles sont soumis au même risque : l'effectif du cheptel évolue au cours de l'année selon un rythme mensuel caractéristique (saisons des vêlages, des ventes, des abattages). Il est important, en conséquence, de ne pas faire durer ces recensements trop longtemps et si on les répète d'année en année, de les mener toujours au même moment.

Il ne faut pas oublier non plus que certaines activités se déroulent selon un **calendrier spécifique**. La scolarité par exemple suit le calendrier académique. L'homogénéité des données peut poser problèmes lorsqu'une partie de celles-ci proviennent d'une institution travaillant selon l'année civile (le budget) et l'autre partie d'une institution travaillant selon l'année académique (effectifs des étudiants).

Enfin, il faut savoir que toute série chronologique présente des **composantes** qu'il est important de pouvoir distinguer : on y découvre souvent une tendance générale, un mouvement saisonnier, et des « accidents » par rapport à ce mouvement. Lorsque l'on collecte des données qui s'étalent dans le temps, et plus tard, lorsqu'il s'agira de les interpréter, il faut tenir compte de ces composantes.

5. Unité de mesure

Du point de vue de la mesure choisie et de sa technique, une certaine unité est aussi à respecter ici. Prenons pour le prouver **un exemple simple**. On désire, au cours d'une étude, connaître le niveau social des individus interrogés ; pour y parvenir, on choisit comme indicateur la profession de chaque individu, l'unité de mesure étant donc la profession. Ce choix présente un danger. C'est croire en effet que chaque profession est homogène du point de vue des revenus. On sait d'évidence qu'il n'y a rien de plus faux. L'imprécision de la technique de mesure va entraîner des classifications douteuses et peu claires, mêlant sous une même catégorie des individus très différents.

Une question d'unité de mesure se pose fréquemment encore lorsque, dans le cadre d'enquêtes statistiques auprès d'administrations – au sens très large –, celles-ci disposent de données chiffrées ne correspondant pas au cadre conceptuel imposé par les enquêteurs et pour néanmoins répondre aux questions posées **ajustent les données** disponibles à ce cadre conceptuel : ne disposant pas de l'effectif de la population par exemple, on multiplie le nombre de maisons par un coefficient représentant ici l'effectif moyen par maison connu.

À considérer le point de vue de l'unité de mesure, il faut aussi se pencher sur le problème du **degré de précision** que nous fournissent les chiffres statistiques ; il est en effet important de savoir avec quel niveau de précision on travaille : quelle est la précision maximale des données primaires économiques par exemple (en milliers de tonnes, en millions de francs...).

L'attention qu'il faut porter sur **l'arrondi** dans les opérations relève de la même problématique.

> *« L'arrondi est une opération indispensable, mais qui ne doit être faite que pour le résultat final. Il est très dangereux de l'appliquer en cours de calcul. Si l'on cumule les arrondis dans les opérations, on arrive rapidement à des chiffres aberrants. Il faut pour les calculs intermédiaires s'en tenir à la précision maximum des machines et ne faire un arrondi volontaire que sur le dernier résultat. Cette règle vaut même pour les résultats intermédiaires. On arrondira alors le résultat affiché mais l'on n'effectuera pas le calcul en se servant des résultats arrondis »*[28].

Les divers recensements procèdent en général par **agrégation** : des ménages à la commune, des communes à l'arrondissement, des arrondissements à la province... Cette opération, si on n'y prend pas garde, peut cacher l'addition d'arrondis, d'erreurs,... Celles-ci ne s'annulent pas toujours.

La question de l'unité de mesure se pose aussi lorsque, face à des séries chronologiques économiques, il convient de distinguer **valeurs réelles ou valeurs nominales**. En effet, on observe, pour un même produit, des différences de prix selon les époques en raison

28. L'arrondi dans les opérations d'après P. CIBOIS, *L'analyse des données en sociologie*, Paris, P.U.F., 1984, p. 52.

de l'érosion monétaire : un même montant d'argent cache des pouvoirs d'achat différents ; pour pouvoir effectuer des comparaisons dans le temps, il faut donc tenir compte de cette dévaluation et « déflater » les données. Par exemple, si l'on désire comparer les niveaux de salaire à deux époques différentes, il faudra déflater les valeurs nominales (à prix courants) de ceux-ci par l'indice des prix afin d'obtenir les niveaux de salaire réel (à prix constants). Ce n'est en effet pas les salaires nominaux qu'il est intéressant de comparer, mais bien les pouvoirs d'achat qu'ils procurent.

Enfin, puisque l'on parle d'unités de mesure, il est intéressant d'observer une certaine **parenté** avec l'unité de vocabulaire décrite au paragraphe suivant. En effet, il peut y avoir une évolution des dénominations dans le temps : celles-ci ne recouvrent dès lors pas exactement la même chose hier et aujourd'hui. Cette évolution peut être le fait d'un changement imposé par la législation : dans les statistiques de l'ONEM par exemple, un arrêté royal du 29 décembre 1984 a modifié la notion de « chômeur complet indemnisé », unité traditionnelle de mesure pour les comptages de cette administration. En 1985, les effectifs de chômeurs baisseront artificiellement de plus de 10 %[29].

6. Unité de vocabulaire

Une dernière unité à laquelle il faut être attentif est, on l'a dit, l'unité de vocabulaire. Il s'agit ici de prendre conscience du **danger** qui est présent lorsque un même mot peut cacher des réalités différentes, selon les époques et/ou les régions. Dans les recensements, par exemple, le mot « population » signifie tantôt population de droit, tantôt population de fait.

> « *La population de droit d'une commune belge se compose de tous les habitants, Belges ou étrangers, qui y ont le siège de leur résidence habituelle principale, qu'ils soient présents ou temporairement absents… La population de fait se compose des personnes belges ou étrangères dont la présence est constatée dans une commune à un moment déterminé, soit qu'elles aient dans cette commune*

29. G. Laurensse, « Le chômage de longue durée : Pantarhei ? », dans *La revue politique*, n° 3, 1988, pp. 5-22.

également leur résidence habituelle, soit qu'elles ne s'y trouvent que momentanément ou temporairement[30]. »

Les **classifications**, catégories ou rubriques utilisées dans les enquêtes ou relevés statistiques appartiennent à nos préoccupations de vocabulaire. Si les classifications sont mal définies lors des enquêtes, il y a risque de ranger sous une même catégorie des choses très différentes. Outre qu'il est toujours difficile d'appliquer une classification, si bonne soit-elle, il peut se faire que des agents peu qualifiés soient amenés, au cours des recensements basés sur des questionnaires sophistiqués, à se tromper de rubrique (cf. les statistiques de commerce extérieur). Là encore on risque, en se basant sur ces statistiques, de constituer des séries de données non homogènes.

7. Les facteurs aggravants

On l'a vu, exiger que le stock de données soit homogène et cohérent, c'est veiller à l'unité des différents points de vue impliqués par une recherche. Cette préoccupation requiert beaucoup de rigueur. Mais cette rigueur est encore plus sollicitée dès lors que l'on prend conscience qu'il existe des facteurs aggravants mettant en péril cette homogénéité « idéale ». Quels sont-ils ?

Il y a d'une part **la géographie**. L'établissement des statistiques officielles, par exemple, ne se fait pas selon la même technique dans toutes les régions du monde ; les mêmes mots utilisés à cette occasion ne signifient pas la même chose ici et là. Les comparaisons internationales de données sont dès lors rendues plus difficiles. Tel démographe par exemple, recourant aux statistiques internationales afin d'étudier la fécondité est confronté au fait que le délai autorisé pour la déclaration des naissances n'est pas le même dans tous les pays. Ce délai va de trois jours à plusieurs semaines… Là où le délai est très long, « les enfants nés vivants qui meurent avant leur déclaration à l'état civil peuvent être considérés comme des « faux mort-nés » qui doivent être classés parmi

30. *Annuaire statistique de la Belgique,* voir l'introduction.

les naissances vivantes et non parmi les mort-nés... Si cette logique n'est pas respectée, on en arrive à sous-estimer le nombre de naissances vivantes au total... Le degré de sous-évaluation dépendra évidemment du délai d'enregistrement ; plus celui-ci est étendu, plus la sous-évaluation risque d'être importante »[31].

Le **temps** est un deuxième facteur aggravant possible pour les études de phénomène dont le cadre chronologique est la moyenne et la longue durée. Au fil du temps, les mêmes mots, en effet, risquent de cacher des concepts différents... Un même produit de subsistance peut avoir un sens différent selon les époques. Soit le prix du pain de 1700 à 2000 : sous l'ancien régime, le pain représente l'essentiel de l'alimentation dans une économie de subsistance ; aujourd'hui, il entre en concurrence avec de nombreux produits, dans une économie de marché.

Enfin, **le travail en équipe** n'est pas sans effet non plus sur l'homogénéité des données. Si l'équipe permet d'avoir une certaine complémentarité entre les individus qui la composent et de considérer un phénomène sous plusieurs angles, elle présente aussi le danger d'une collecte peu homogène : perceptions différentes, a priori différents...

Ces facteurs aggravants incitent donc à la prudence les chercheurs qui, soit sont amenés à utiliser des statistiques internationales, soit analysent des phénomènes en longue durée, soit encore recourent au travail en équipe.

31. G. WUNSCH, *Op. cit.*, pp. 27-28.

CHAPITRE 5

COLLECTE DES DONNÉES : CRITIQUE EXTERNE ET CONSTITUTION DU CORPUS

Après avoir défini, de manière générale, les précautions à prendre dans l'emploi des techniques d'enquête, nous pouvons nous pencher sur l'aspect formel de l'information rassemblée ou à rassembler et soumettre les données dont on dispose à une critique dite externe, c'est-à-dire qui s'attache à la forme et non pas encore au contenu. Nous aurons à vérifier « l'authenticité » et « la provenance » des documents ainsi que leur « originalité » et pour les cas où nous ne disposons plus du témoignage original, essayer de « restituer » celui-ci.

A. Critique d'authenticité et de provenance

Avant toutes choses, on peut rappeler quelle est la **problématique de l'historien** en la matière. Cette dernière consiste à savoir, avant de commencer son étude, si le document étudié est vrai ou faux, un original ou une copie, en un mot, s'il est **authentique**. On parle bien ici du support d'information (document physique) et non du contenu de l'information elle-même. C'est lui qui doit être vrai. Authentique signifiant dès lors que le document a bien été écrit par celui qui dit l'avoir écrit. Un document **vrai** ne dit donc pas nécessairement la **vérité** (figure n° 5).

En **droit belge**, le terme « authentique » a un sens très précis défini par le Code civil (Livre III, titre III, art. 1317) : l'acte authentique est celui qui a été reçu par officiers publics ayant le droit d'instrumenter dans le lieu où l'acte a été rédigé, et avec les solennités requises. Cette définition étroite n'est pas celle qui nous préoccupe ici.

Figure nº 5

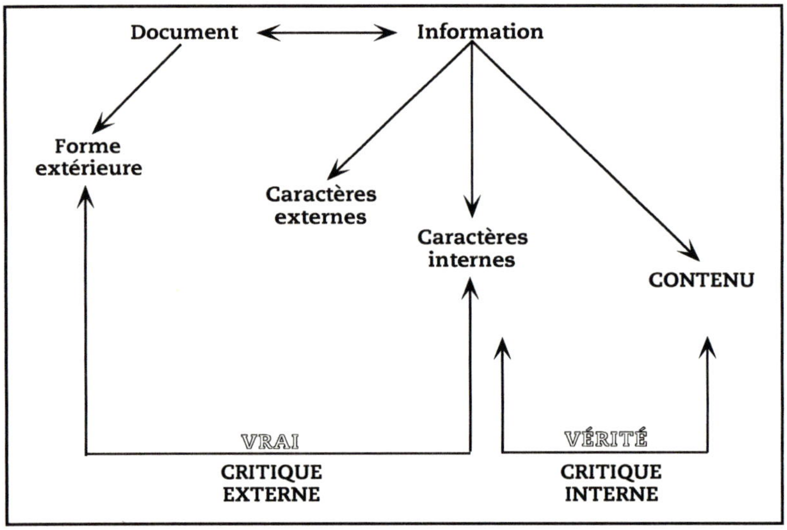

La critique d'authenticité s'attachera donc d'abord à **l'aspect formel** du document en vérifiant ses **caractères externes** (forme du document) : type de support (papier,…), encre, écriture, sceau,… Elle s'assurera ensuite de **l'identité** de l'auteur en étudiant notamment les **caractères internes** (forme du message) : est-ce bien le style de cet auteur, son vocabulaire,… ? Au pire, on essaiera d'identifier le **milieu** auquel appartient l'auteur.

La **problématique en sciences humaines** se rapproche de celle de l'historien : la question de savoir si le document est vrai ou faux est un problème éternel. Les amateurs de sites Web sur Internet savent ce que cela veut dire. C'est là la préoccupation de la **critique d'authenticité**. Les difficultés à mener cette critique sont accrues aujourd'hui, car il est devenu facile de créer des faux, grâce aux technologies disponibles : la dactylographie et l'utilisation d'un papier standard rendent un document plus neutre qu'auparavant et plus facile à copier, et les possibilités de trucage se sont étendues. Mais ce problème est en partie contré par le développement de techniques d'étude des caractères externes (quelle machine à écrire à été utilisée ?...) et surtout internes (étude du style, des mots, par l'analyse de contenu,...). La criminalistique est ici très féconde.

Lorsqu'on ne sait qui est le véritable auteur d'un document, tenter de répondre à cette question relève de la **critique de provenance**. Il y a une **typologie des auteurs**. L'auteur matériel est celui qui, matériellement, confectionne et met en page le texte ou plus généralement organise l'information sur le support. L'auteur intellectuel est le « créateur » du message. L'auteur officiel, lorsqu'il existe, est celui qui prend la responsabilité de la diffusion ou qui est le commanditaire du travail. Souvent, il y a **plusieurs auteurs** pour un même texte ; c'est le cas pour un texte de loi : les parlementaires sont à l'origine d'une proposition de loi. Une commission discute le texte qui est alors soumis au Parlement. Certains élus obtiendront quelques amendements et enfin le texte sera voté puis signé par le Roi et son ministre.

Il est temps de préciser le vocabulaire, pour ne pas dire le jargon, utilisé en critique historique. En réalité, l'**auteur** dont on vient de parler, est celui qui est nommé **témoin** en critique historique. Dans un sondage d'opinion, le témoin sera donc l'**interviewé**. L'ethnographe appellera plutôt son témoin **informateur**. Témoin, auteur, interviewé, informateur sont donc ici des synonymes. Il est également important lorsqu'on procède à la critique de provenance de dater le document et d'établir le lieu de sa création.

La **datation** s'opère, comme en critique d'authenticité, par l'analyse des caractères externes et des caractères internes. Aussi sera-t-on attentif non seulement au style mais aussi aux événements cités et aux personnages évoqués. Dans l'impossibilité de dater précisément le document, on en fixera au moins le « terminus a quo » et le « terminus ad quem ». La date des événements rapportés sera consignée avec soin.

Le **lieu** de production du document doit aussi être identifié ou confirmé par les mêmes procédés. Le lieu et/ou le **milieu**. On distinguera aussi le lieu de **création** et le lieu où se déroulent les **événements** rapportés.

La critique de provenance vérifie également si la **forme** du document et la **structure** du texte sont respectées. Certains actes en effet ne sont pas rédigés au hasard : ils respectent un formulaire établi par le droit (nos textes de loi par exemple) ou par une pratique professionnelle (notaires…).

Au terme de la critique de provenance, on aura également retracé le parcours ou **l'histoire du document**, depuis sa production (dans quel milieu, pour quels destinataires) jusqu'à sa conservation. On a vu dans le chapitre 1 le parcours d'un acte de naissance. On vient de citer ci-dessus le cas d'un texte de loi. Soyons attentifs à cette occasion à une double démarche : tout document est unique (un article de presse écrit dans tel journal, tel jour) et doit être critiqué comme tel. Mais cette démarche n'est totalement féconde qu'en réintégrant le document dans **le « genre »** auquel il appartient : l'article de journal évoqué appartient au « genre » de la presse écrite. Mais aussi dans le type de journal. Faire la critique d'un article, suppose la critique du journal qui elle-même suppose la critique de la presse écrite et, en fin de compte, la critique des médias.

On l'a vu, les outils de la critique de provenance sont les mêmes que ceux de la critique d'authenticité. Les résultats de ces critiques seront **utiles dans des démarches ultérieures**. La connaissance du milieu auquel appartient l'auteur, de sa personnalité, des destinataires de son texte nous aidera notamment lors de la critique d'interprétation.

B. Critique d'originalité

Pas plus que les critiques précédentes, la critique d'originalité ne s'intéresse au contenu du message mais au témoin[32]. Le témoin est-il direct, indirect,… ?

32. Certains historiens placent cette critique en critique interne (cf. *infra*). On peut justifier l'un et l'autre choix.

1. La problématique de l'historien

C'est là, classiquement, **la problématique de l'historien**. Le témoin d'un événement est **direct** lorsqu'il a vécu cet événement, **indirect** lorsqu'il rapporte les faits vécus par un autre, et **indépendant** lorsque son témoignage n'est influencé par personne. Un jeune est influencé, même inconsciemment, par ses parents et plus largement par son milieu, un employé par ses supérieurs (culture d'entreprise), un élève par son maître,...

Cette critique d'originalité trouve aussi bien son **utilité** dès lors qu'un chercheur se penche sur l'analyse de sources littéraires (l'auteur a-t-il été influencé par d'autres auteurs ?) ou sur une enquête d'opinion (l'opinion exprimée est-elle bien celle de la personne interrogée ?).

2. Indépendance du témoin et comparaison

Le témoin est-il **indépendant** ou non ? Pour répondre à cette question, la critique historique classique recommande de recourir à la technique de la **comparaison**. Il faut commencer par dresser une liste de tous les individus qui auraient pu être une source d'inspiration du témoin (dans le cas de l'étude d'une source écrite) ou qui auraient pu l'influencer (dans le cas d'une étude d'opinion). On compare alors le témoignage de ces personnes avec celui du témoin, et on essaie en outre d'établir le sens des relations entre les intervenants.

3. Caractère direct et analyse interne

Par contre, pour s'assurer du caractère **direct** du témoignage, on recourra à une analyse interne. Face à une source littéraire, on peut s'interroger sur le caractère direct ou indirect de certains passages en se posant quatre types de questions :

- le **récit est-il vivant** ? On raconte en général mieux, plus précisément et avec beaucoup de détails un fait qu'on a vécu soi-même.
- y a-t-il présence de faits antérieurs à la naissance de l'auteur dans le texte ? Si oui, alors le récit de ces faits provient d'autres

témoins. Il existe aussi des âges auxquels la mémoire n'est plus fidèle ou auxquels la perception du fait en cause est très partielle (de 0 à 10 ans par exemple). Une **étude chronologique des faits** rapportés et la biographie de l'auteur, technique à première vue banale, apporte pourtant souvent de précieuses indications.

– quelles sont les **idées** de l'**époque** et du **milieu** auxquels appartient cet auteur ? Sont-ce bien celles-là qu'il rapporte ?
– l'auteur a-t-il eu recours à des **traditions orales** pour certains récits ? La question, pertinente surtout chez l'ethnographe et l'anthropologue, est plus délicate et est affaire de spécialistes. Disons néanmoins que l'information dont l'origine est la tradition orale souffre d'un grave défaut : la difficulté que l'on rencontre pour la dater.

4. Une application : l'effet de grappe

La critique d'originalité est donc basée sur deux questions essentielles : le témoin est-il indépendant, et son témoignage est-il direct ? Appliquons-la à un cas concret : celui de l'**effet de grappe** dans les enquêtes de type sociologique. Au départ d'une enquête d'opinion, on espère disposer d'une liste nominative de toute la population à sonder. Cette liste servira pour le tirage au sort. La plupart du temps, et au mieux, on ne dispose que d'une liste de ménages ; on tire donc au sort des ménages plutôt que des individus. On dira qu'un ménage forme alors une « grappe », où l'opinion d'un individu peut déteindre sur celles de tous les autres membres de ce ménage. Les témoignages de ces individus ne seront alors pas indépendants les uns des autres au sein d'une même grappe. L'enquêteur doit pouvoir être suffisamment prudent pour déceler la présence de cet effet de grappe. Des techniques de correction sont à la disposition des sociologues. Mais c'est une autre histoire. Les problèmes sont identiques si on tire au sort des cantons plutôt que des communes dans les enquêtes où la commune est l'unité observée, si on tire au sort des entreprises plutôt que des employés dans les enquêtes où l'employé est l'unité observée.

C. Application : le journal télévisé

Le journal télévisé peut être soumis à la critique externe. Quels sont les auteurs potentiels responsables de la rédaction d'un journal télévisé ? On peut en effet en décomposer la rédaction en différentes phases, auxquelles on peut appliquer les critiques d'authenticité, de provenance et d'originalité. De quelle manière ? L'**analyse formelle du document** télévisuel nous révèle les trois composantes : son (texte dit, bruits, musique...), image (fixe, animée), texte. Nous avons dit au chapitre 3 l'importance de cette affirmation à première vue triviale. Il faut s'y référer.

Les critiques de provenance et d'authenticité vont poser la question de savoir qui est le journaliste qui présente le journal télévisé, qui sont vraiment **les auteurs**, intellectuels, matériels et officiels de ce qui est vu, lu et entendu. Le journaliste n'est-il que le porte-parole d'un comité de rédaction ? Qui compose celui-ci ?

À première vue, la **datation** des faits ne pose pas de problème puisque l'actualité est du jour même. Cette évidence empêche souvent de bien repérer les images d'archives (et les textes) au sein des images du jour.

L'histoire du document télévisuel est courte puisque située nécessairement dans l'espace d'une journée.

Les **sources d'information** (critique d'originalité) néanmoins sont très variées et tantôt « **recherchées** » par la rédaction (équipes envoyées sur le terrain, images d'archives), tantôt « **reçues** » (agences de presse, images Eurovision, communiqués de presse, conférences de presse). Cette distinction « recherchée » ou « reçue » a son importance du point de vue critique. On y reviendra. La critique d'originalité sera encore attentive au **caractère direct et indépendant des témoignages** qui sont à la base de certains reportages. Voici comment on peut représenter les choses :

Figure n° 6 : critique externe du journal télévisé

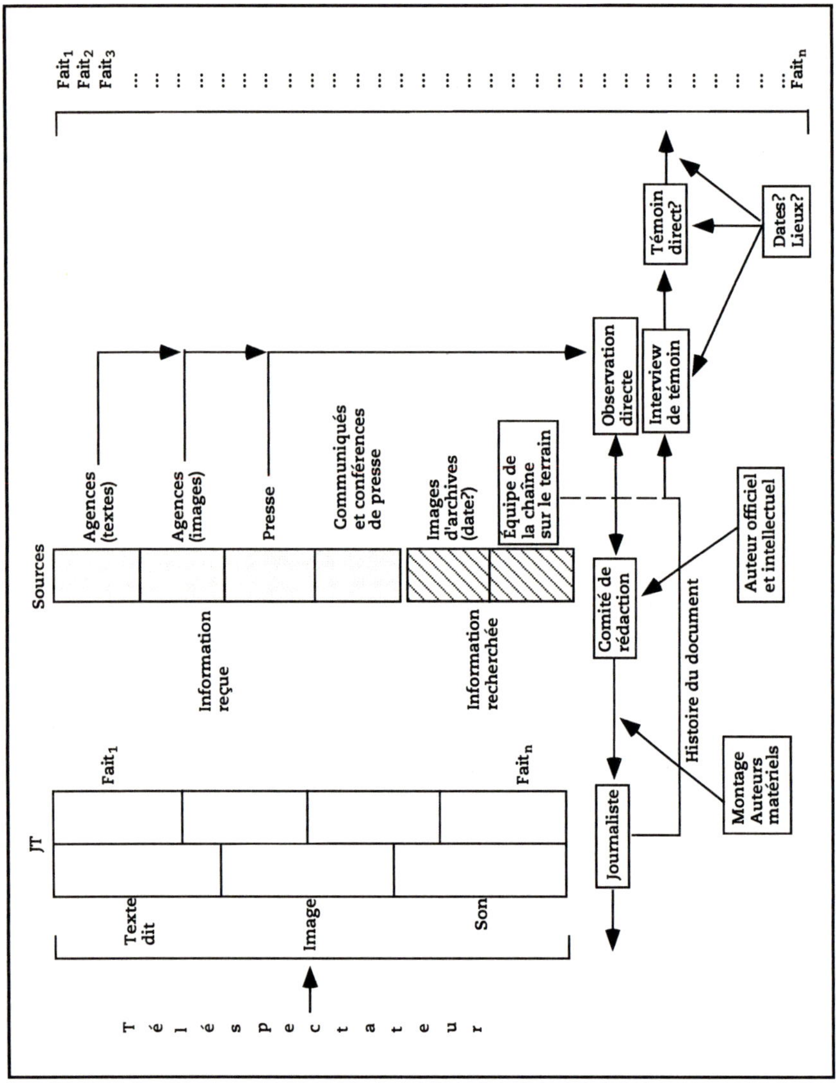

D. Critique de restitution

1. Problématique : en histoire et en sciences humaines

On s'intéresse toujours ici à l'aspect formel du document et du témoignage. *Stricto sensu*, cette critique s'applique dans les cas où l'on ne dispose plus du document original, et où on essaye de « restituer » celui-ci à travers des copies. Sous cet angle, la **problématique de l'historien** est d'identifier toutes les copies et d'en établir la filiation (*stemma codicum*), dans le but de choisir la meilleure. La seconde opération consiste à identifier les fautes de copistes et à les corriger (*emendatio*) essentiellement en **confrontant** les différentes versions. Ces techniques propres aux historiens des textes éditant des textes anciens (Bible, auteurs latins, grecs,...), sont éprouvées depuis longtemps. Elles supposent une très grande érudition, historique et surtout philologique.

En **sciences humaines**, la problématique sera tout à fait comparable : il arrive en effet très souvent que l'on ne travaille plus avec le document original mais avec des copies ou des « sous-produits » de celui-ci. Ainsi lorsque l'on relève des chiffres dans l'*Annuaire statistique de la Belgique*, on est loin du dénombrement original effectué sur le terrain (cf. *supra*).

2. Les types de fautes

Qui dit copie dit faute. Corriger la faute nous permettra de « restituer » l'original. Quels sont les types de fautes qui sont le plus souvent commises ? On peut en citer quelques-unes :

- les **fautes accidentelles** de copistes (*lapsus calami*) : fautes d'orthographe, fautes de frappe, passer un mot, une phrase...
- les **fautes de jugement** : le copiste n'a pas compris une phrase ou un mot et croit devoir corriger le texte. Cette erreur est fréquente lorsqu'on met par écrit un texte provenant d'un discours ou lorsqu'on écrit sous la dictée.
- les **fautes volontaires**, commises avec l'intention de tromper. Elles feront l'objet d'attention lors de la critique interne (cf. *infra*).

- les **fautes cumulatives** sont caractéristiques des données quantitatives : une observation erronée à la base et qui est multipliée ou élevée à une puissance. Si la production agricole est estimée par la multiplication de la superficie et du rendement, une erreur dans la donnée « superficie » va être multipliée.
- les **fautes auto-corrélées** peuvent affecter également les données quantitatives et plus particulièrement lorsque les données d'une série sont obtenues par calcul à partir d'une autre série.
- les **fautes systématiques** sont une menace pour les enquêtes sociologiques et les divers recensements :
  - fautes au moment de la collecte des données : l'enquêteur peut être mal formé au départ et comprendre systématiquement mal une question ;
  - fautes de codage et/ou d'encodage liées à l'incompétence ou à la fatigue ;
  - fautes de traitement : les données chiffrées ne sont pas toujours manipulées au moyen des procédures statistiques les plus adéquates ou les plus performantes ;
  - fautes de programmation : les langages de programmation et les logiciels statistiques demandent une grande attention. De là l'importance de pratiquer des tests pour vérifier la cohérence des résultats obtenus avant de se lancer définitivement dans le traitement de grands fichiers.

3. Prévention et détection des fautes

Ces fautes doivent pouvoir être détectées ou prévenues de diverses manières. C'est l'objet de la critique de restitution.

Une manière de **prévenir** et de **détecter** les erreurs systématiques que l'on vient d'évoquer en dernier, est d'être attentif et rigoureux au moment de **la saisie des données**. En informatique, des programmes de validation peuvent y aider (vérification automatique du caractère numérique des données, de la présence logique de telle variable, de telle valeur,...)

Un autre moyen est de procéder à **la formation des observateurs**, ceux qui vont aller sur le terrain (interviewers, agents recenseurs), en vue de les sensibiliser à ce type de problèmes (voir aussi plus loin, critique d'autorité). Les former, mais aussi les **contrôler** en cours d'enquête. On le voit, ces précautions garantissent pour beaucoup la qualité des données dans le cas d'enquêtes et de recensements.

Quittons le domaine des enquêtes d'opinion et celui des recensements. Comment détecter les fautes dans les témoignages que nous nommerons « **qualitatifs** », comme ceux collectés par les ethnographes auprès de leurs informateurs ? Essentiellement comme le font les historiens des textes, par la technique de la **comparaison**. Laissons parler l'ethnographe et identifions sa méthode au sein d'un long texte qui sera encore utile plus loin.

> *« Il existe deux méthodes pour entreprendre une enquête orale sur le terrain, où les travaux peuvent être menés par un chercheur unique ou par une équipe. Loin de s'opposer, ces méthodes se complètent. À une première démarche entreprise par un ethnographe solitaire succédera utilement un réseau de recherches coordonnées. L'initiateur conservera alors la responsabilité de l'ensemble et des vérifications seront entreprises ensuite par un des membres de l'équipe, le plus approprié pour cette recherche, les rapports demeurant constants entre tous les travailleurs.*
>
> *Sans tenir compte ici autrement que pour leur rendre hommage des observations à d'anciens voyageurs capables de reconnaître l'existence de formes originales de pensée, étrangement libéraux à une époque où les valeurs occidentales étaient considérées comme uniques, les plus anciennes enquêtes ethnographiques ont été entreprises par des isolés. Fixés pendant de longues périodes sur le terrain, ils parvinrent à établir un contact fructueux sans chercher à s'imposer autrement qu'avec le consentement de leurs hôtes. Il en fut ainsi jusqu'à ce que, les résultats prometteurs de ces travaux ayant mieux fait comprendre l'ampleur de la tâche à poursuivre, il devint évident que la constitution d'équipes cohérentes s'imposait, mais qu'elles ne devaient être composées que d'un nombre restreint de chercheurs, de manière à ne pas créer de gêne dans la zone d'étude. L'intérêt nouveau porté à ces peuples où l'on pensa redécouvrir l'humanité dans sa fraîcheur, la nécessité qui apparut de poursuivre des études exhaustives, la multiplicité des problèmes à étudier en profondeur amenèrent à répartir la recherche entre plusieurs personnes, chacune d'elles étudiant les faits qu'elle était le plus apte*

à comprendre en raison de la nature de sa formation scientifique, de son tempérament et de ses préférences personnelles. Bien qu'un ethnographe doive se montrer capable d'aborder l'étude des phénomènes les plus divers, certains de ces derniers, par l'attrait qu'ils exercent sur le chercheur, se trouveront mieux compris et mieux décrits. Les méthodes de chasse et de pêche, par exemple, seront incomparablement mieux saisies sous tous leurs aspects et dans toute leur complexité par un chasseur ou un pêcheur expérimentés habitués à la pratique de ces activités, quoiqu'elles puissent n'être plus que des jeux pour les Occidentaux. Il ne fut pas toujours clair qu'une institution aussi considérable et aussi «secrète» que l'initiation ne pouvait être étudiée avec des chances réelles d'être appréhendée dans toute son ampleur que par des hommes ou des femmes suivant le cas, mais pas indifféremment par les uns ou les autres. En revanche, l'organisation sociale, le commerce, l'habitation, entre autres, sont du ressort d'ethnographes des deux sexes.

L'observation par une équipe permet de considérer une institution sous plusieurs angles différents. Chacun de ses membres a pour mission de l'observer en fonction des liens qu'elle peut présenter avec d'autres séries de faits, et l'ensemble de ces observations convergentes a toutes les chances d'en présenter une vue qui peut être considérée comme exhaustive. La chasse et la pêche, exemples précédents, considérées comme des techniques d'acquisition ou de prestige, sont à étudier en liaison avec les usages alimentaires, le commerce, l'habitation (les maisons des chasseurs peuvent être distinctes des autres), le droit foncier, l'organisation sociale, l'initiation, la religion, etc.

Cette méthode s'impose encore lorsqu'il s'agit d'observer une manifestation collective. Les membres de l'équipe se placeront à des endroits variés, sur le pourtour, dans l'assistance, et au centre de la cérémonie afin de recueillir un large faisceau d'observations qui seront examinées en commun pour être revues et mises au point avec plusieurs informateurs dont les différents témoignages permettront de serrer les faits de plus près. De cette manière, un cadre se dessine peu à peu avec une marge minimale d'erreur, sur lequel il conviendra d'appliquer les réalités qu'il révèle.

La nécessité de la critique et de l'examen permanents de l'information orale, qui est un des impératifs de l'ethnographie, rend plus nécessaire l'utilisation d'équipes à un moment donné de l'enquête. Les recoupements «externes» entre les données recueillies par plusieurs enquêteurs auprès d'informateurs différents sont appuyés par les vérifications «internes» des renseignements fournis par plusieurs interlocuteurs ou un seul informateur au même chercheur; ils se poursuivent au jour le jour de manière que soient repris immédiatement les points litigieux, évitant ainsi autant que possible les oublis éventuels.

La présence d'équipes sur le terrain assure plus aisément l'organisation de «recherches rayonnantes» faisant tache d'huile depuis une première population soumise à l'observation intensive. Le chercheur détaché temporairement de l'équipe intervient à nouveau. Envoyé en éclaireur dans un groupe voisin, il aura pour objectif immédiat l'étude d'une catégorie de faits suffisamment connus après les premières recherches pour qu'ils soient situés avec exactitude, méthode que l'on a appelée de «l'intensif dans l'extensif», mais ce procédé ne peut donner des résultats satisfaisants que si les peuples à l'étude s'inscrivent dans le même grand ensemble, les Fali et les Bata du Cameroun septentrional, par exemple, qui résistèrent à l'Islam de la même manière, ou les Mossi et les Kouroumba qui furent liés historiquement.

L'enquêteur demeuré seul après le départ d'une équipe intervient utilement pour approfondir certaines questions sur lesquelles les intéressés s'étendent plus volontiers avec un solitaire. Cela est vrai, notamment, pour les institutions qui fonctionnent dans un certain secret ou une certaine réserve, telles que les manifestations religieuses, l'initiation, les rituels, etc. D'une façon générale, plus le cadre de l'enquête se rétrécit, plus la recherche gagne en profondeur. Plus alors les entretiens de l'unique enquêteur longuement poursuivis avec un seul interlocuteur sont fructueux.

Matériellement, l'enquête peut se dérouler de plusieurs manières suivant les sujets à étudier. Ou bien l'ethnographe se déplace avec les intéressés, et avec leur consentement, les suivant dans leurs occupations, les observant pendant la construction d'une maison, une cérémonie religieuse ou une fête profane, etc. Les investigations peuvent au contraire se poursuivre au calme, sous un arbre, loin des oreilles indiscrètes ou dans une habitation au milieu des gens vaquant normalement à leurs affaires et dont le comportement habituel se révèle particulièrement instructif. L'enquête ethnographique se réduit alors, bien souvent, à des entretiens à deux. Il arrive que, par suite de la présence fortuite d'informateurs particulièrement instruits, l'étude de certaines institutions soit entreprise hors de leur cadre. Aussi importants que soient alors les résultats, ils demandent toujours à être repris sur le lieu même où l'ethnographe, disponible, sensible à l'atmosphère du pays, s'imprègne malgré lui de la «magie des choses». Ethnographe et informateurs prennent vite des habitudes, notamment en ce qui concerne les conditions matérielles de l'enquête; les entretiens gagnent souvent à être poursuivis dans les mêmes conditions, à la même place, aux mêmes heures, et aussi, avec les mêmes interlocuteurs»[33].

Les témoignages sous forme de **séries quantitatives** peuvent aussi être soumis au feu de la critique de restitution. Leur analyse statistique permet en effet de détecter d'éventuelles erreurs en leur sein. Comment procéder? Cette analyse tentera d'une part d'examiner l'allure générale du graphique d'une série chronologique ou à un moment donné, d'autre part d'évaluer la cohérence interne des données, et enfin de mettre en évidence les cas «anormaux».

L'examen visuel de l'allure générale d'une série mise en graphique, peut être nommé «**test de continuité**», terme emprunté à l'historien économiste Labrousse[34].

> *«À la différence du test de contrariété, le test de continuité vaut plus pour les fluctuations industrielles que pour les fluctuations agricoles.*
> *Il intéresse cependant toutes les variations de prix. Le marché témoigne en général d'un certain esprit de suite, les cotes se continuant les unes les autres dans l'affirmation de la hausse ou de la baisse: chaque nombre d'une série statistique apparaît ainsi solidaire des nombres voisins. Il se trouve confirmé, par exemple de semaine en semaine, par les cotes de la même série. La confirmation dure parfois beaucoup trop longtemps au gré des intéressés, notamment en matière de salaire! Un chiffre fortement aberrant se dénoncera de lui-même par un écart anormal.*
> *L'épreuve intéresse également les variations volontaires de la production. La manufacture n'a pas moins d'esprit de suite que le marché.»*

Ce test consiste à voir si les données se situent de manière aberrante ou inattendue au sein de **la tendance générale prise par la courbe**. On admettra que quelque chose d'anormal s'est produit et l'on suspectera une faute dans les données si on ne parvient

33. J.P. LEBEUF, *Op. cit.* © Éditions Gallimard.
34. C.E. LABROUSSE, *Op. cit.*, p. 137.

pas à fournir une explication plausible à la situation exceptionnelle observée.

Le test de continuité est donc une technique de détection des fautes. Par exemple, lorsque l'on observe le nombre de chômeurs relevé par l'ONEM entre 1980 et 1988, on constate qu'il y a une rupture dans la continuité de la série au niveau de l'année 1984-1985. En retournant aux données, on peut alors comprendre qu'il y a eu un changement dans l'unité de mesure en 1984-1985 suite à un changement dans la législation. Il faudra alors procéder à la correction de ces données et traiter celles-ci plutôt que celles de la statistique officielle (cf. *supra*, unité de mesure).

Figure n° 7 : Test de continuité (série chronologique)

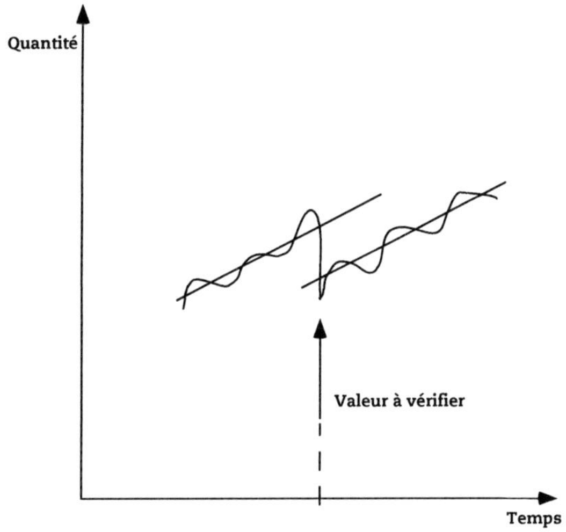

Figure n° 8 : Test de continuité (distribution à un moment donné)

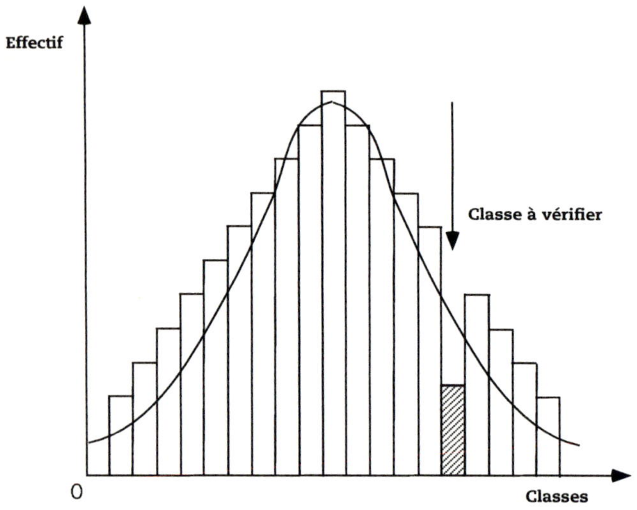

Pour ce qui concerne la vérification des données d'une distribution à un moment donné, l'examen de l'histogramme permettra d'isoler à coup sûr la classe aux effectifs aberrants.

Pour les deux types de séries, l'**examen visuel** doit se compléter par les **calculs des écarts** entre les valeurs observées et les valeurs prédites par la droite d'ajustement.

Le « **test de cohérence** » consiste en un autre examen de la série. Le terme est emprunté à l'économiste Morgenstern[35].

Pour procéder à la vérification de la cohérence interne des données, on se base sur nos connaissances d'une part et sur la comparaison de séries d'autre part.

Nos connaissances peuvent nous mettre en alerte et nous faire douter de la vraisemblance des données. On peut se baser soit sur des connaissances élémentaires, de bon sens, ou de connaissances plus élaborées. Morgenstern les appelle « technologiques ». Par exemple, un recensement effectué aux USA en 1950 a rendu compte d'un grand nombre de veufs de 14 ans ! Nos connaissances élémentaires

35. O. MORGENSTERN, *Op. cit.*

nous permettent de détecter qu'il y a là une erreur. Un autre exemple, celui du taux de masculinité, illustre des connaissances « technologiques » basées cette fois sur des observations scientifiques élémentaires ; il s'agit du rapport entre l'effectif masculin et l'effectif féminin d'une population. Nos connaissances scientifiques nous permettent de nous attendre à ce que ce taux soit en moyenne égal à un : il est en effet supérieur à un à la naissance, et inférieur à un en période de vieillesse. Cette constatation donne une allure particulière à la courbe le représentant. Toute rupture de mouvement met le chercheur en alerte.

Morgenstern, praticien de cette démarche, dit qu'il existe deux types de liens auxquels on peut s'attendre entre des variables : il peut exister d'une part un lien technologique très fort entre des séries, par exemple entre des produits dont les processus de production sont intimement liés sur le plan technologique (nombre de têtes de bétail abattu et nombre de peaux obtenues). La **comparaison** des deux séries attestera ou pas la cohérence des données en leur sein. Le test de cohérence peut encore s'appuyer sur des connaissances scientifiques très élaborées, telles que les modèles. Ici, on comparera la série observée à celle attendue ou prédite.

Le principe général est bien que tout écart à la valeur attendue, que ce soit en raison du bon sens ou d'un modèle complexe, met en cause la qualité des données si l'on ne peut justifier raisonnablement l'écart observé.

Le **test de normalité** constitue la troisième approche retenue ici. Disons d'emblée que le mot « normal » a ici le sens statistique de **la distribution normale**. Si l'on distribue une population selon **une variable**, l'histogramme prend généralement la forme d'une courbe en cloche, dite de Gauss. Un grand nombre d'individus seront caractérisés par une valeur de la variable, appelée moyenne. Plus on s'éloigne de la valeur moyenne, plus le nombre d'individus se fait rare. À un moment donné même, la valeur observée pour la variable relèvera de l'exceptionnel. Ces cas douteux vont retenir notre attention : sont-ce des valeurs réellement exceptionnelles ou sont-ce des valeurs erronées ? Encore faut-il fixer le seuil à partir duquel la valeur pourra être qualifiée d'exceptionnelle ou

« anormale ». On sait que 95% de la population est dans l'intervalle (moyenne ± 2 écarts-types). On peut par exemple décider de contrôler les mesures prises pour les individus dépassant ces valeurs.

Dans le cas d'une distribution à **deux variables** (une variable dépendante et une autre variable indépendante), on se trouve en présence d'un nuage statistique et on utilise alors la technique d'ajustement de **la droite de régression**. Par exemple, si on représente le poids des enfants (variable dépendante) en fonction de leur âge (variable indépendante), on obtient un nuage de points que l'on peut ajuster par une droite de régression représentant ce à quoi on peut s'attendre, ou ce que l'on peut prédire comme poids dès que l'on connaît l'âge de l'enfant. Dès lors, les points du nuage situés loin de la droite représentent les cas anormaux de la distribution. Cela nous ramène dans les deux cas à la notion de l'**intervalle de confiance** que des techniques statistiques permettent d'établir et qu'on n'évoquera pas ici (figures n°s 9-10).

Ce type de contrôle ne se limite pas à des distributions à un moment donné d'observations (individus, communes, entreprises...) autour d'une moyenne. On peut l'étendre à des **calculs de fréquence** : la fréquence d'un phénomène observé est-elle celle qui est attendue ? [36]

On peut l'étendre aussi à des **séries chronologiques** en analysant la distribution des écarts entre la valeur observée et la valeur ajustée, ce qui pourrait constituer un outil statistique du test de continuité et du test de cohérence que l'on vient de voir. Tout se tient en critique historique.

On remarquera aussi que tous ces tests, créés au départ pour **valider les données** deviennent en outre des **outils** d'analyse très efficaces permettant au chercheur de se poser les bonnes questions en attirant son attention sur les endroits qui demandent un examen approfondi.

---

36. Cf. les techniques des cartes de contrôle pour la surveillance d'un procédé de fabrication (G. MENTHA, *Le contrôle statistique des fabrications dans l'industrie,* Bruxelles, 1950).

Figure n° 9 : Test de normalité (une variable)

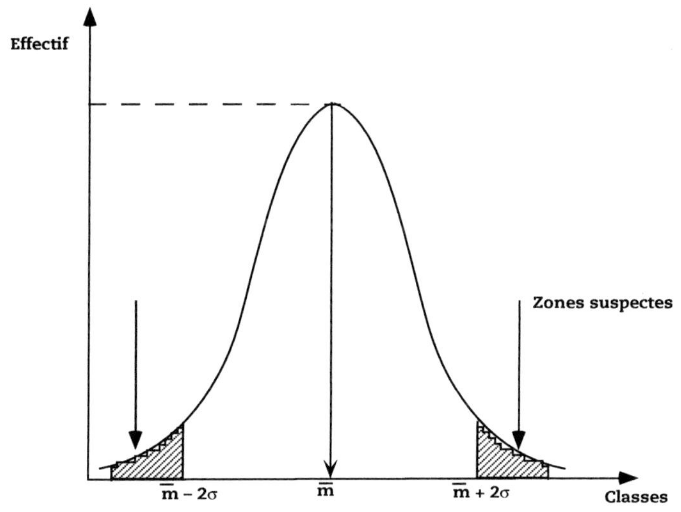

Figure n° 10 : Test de normalité (deux variables)

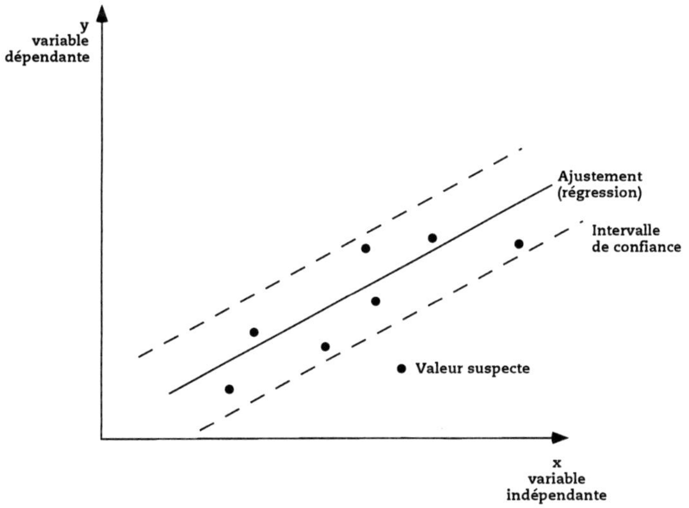

Enfin, une dernière méthode de détection des fautes consiste en un **contrôle par sondage**. Partons d'un exemple où cette méthode est particulièrement pertinente : vérifier la validité des résultats d'un recensement. Le mieux serait de refaire le recensement. Devant l'impossibilité pratique de cette méthode, on revisite seulement un échantillon. Écoutons les praticiens de recensements agricoles :

> «*Les erreurs apparaissent à tous les stades d'une enquête et principalement au cours du travail sur le terrain où les erreurs de déclaration ou de réponse des personnes interrogées sont, en général, relativement importantes par rapport aux autres erreurs, y compris l'erreur aléatoire d'échantillonnage (...). Les contrôles descriptifs ne permettent de constater les erreurs commises sur le terrain que par vérification des données statistiques sur place, après l'enquête. (...) On choisit ainsi un modèle d'enquête par sondage le plus efficace possible pour une taille d'échantillon réduite ; on effectue alors un contrôle descriptif par échantillonnage pour déterminer l'erreur de déclaration moyenne, par exemple dans les recensements de cheptel effectués (...).*»[37]

Il faut veiller à ce que le contrôle soit effectué immédiatement après le recensement et dans un délai très bref (moment et durée) afin que les modifications survenues entre-temps dans le cheptel aient aussi peu d'influence que possible sur les résultats de ce contrôle (cf. *supra*, l'unité de temps).

4. Conclusion

En guise de conclusion à ce chapitre, insistons sur trois éléments importants, surtout présents, il est vrai, dans les données quantitatives : lorsque l'on a fini de détecter l'erreur, il faut une fois le corpus constitué, chiffrer l'erreur, déterminer les facteurs d'erreurs, et si possible formuler leur équation.

Chiffrer l'erreur probable, c'est déterminer statistiquement une « zone d'incertitude » ou, dit positivement, un « **intervalle de confiance** » à l'intérieur duquel on sait que la valeur vraie se trouve,

37. R. WIEGERT, K. KAFKA, H. STRECKER et R. STEYLAERTS, « Réflexions sur l'emploi optimal des agents chargés des contrôles des recensements agricoles et horticoles en Belgique », dans *Bulletin de statistique*, t. 63, 1977, n°s 1-2, pp. 37 sq.

sans savoir pour autant avec précision par quels points du graphique elle passe [38].

Que signifie **déterminer les facteurs d'erreurs et leur équation** ? Voici à titre d'exemple les résultats d'un contrôle par sondage effectué sur un recensement de porcins au sein d'exploitations agricoles en Belgique en 1965 : on se rend compte, pour une catégorie de porcins, d'abord qu'il y a un erreur moyenne par exploitation de 0.303, c'est-à-dire une erreur relative par exploitation de 12.79 %, soit une erreur totale pour le recensement de 31 488 têtes de ce type de bétail. Si on poursuit l'analyse, on remarque que l'amplitude de l'erreur varie en fonction de la taille de l'exploitation [39]. Un facteur d'erreur est donc la taille de l'exploitation ; on peut en formuler l'équation, ce qui permet de **prédire l'erreur** et partant, de **la maîtriser**.

38. O. MORGENSTERN, *Op. cit.*, pp. 246-247.
39. *Bulletin de statistique,* t. 53, 1967, pp. 1053 sq.

CHAPITRE 6

COLLECTE DES DONNÉES. CRITIQUE INTERNE : AUTORITÉ DU TÉMOIN

On s'est occupé jusqu'à présent de l'examen des aspects formels et matériels du document et de l'information qu'il contient. C'est au contenu que l'on va désormais s'attacher, à sa valeur dans son rapport avec la vérité : la critique interne.

A. La problématique

Faire la critique d'autorité, c'est s'interroger sur la validité du contenu du message en vérifiant la compétence des témoins, leur sincérité et l'exactitude de ce qu'ils rapportent. On est dès lors dans une démarche de critique interne.

Si l'on reprend le schéma dans lequel un chercheur (1) envoie des observateurs sur le terrain (interviewers) (2), qui rencontrent des témoins (interviewés, enquêtés) (3) qui ont vécu un phénomène (4), la critique d'autorité concerne (2) et (3). Ce schéma pourrait également se traduire : un lecteur (téléspectateur) (1) lit (regarde) le journal (journal télévisé) écrit (préparé) par un journaliste (2) qui a interrogé des témoins (3) ayant vécu le fait rapporté (4).

La critique d'autorité pose la question de savoir si les faits rapportés sont exacts ou déformés. Elle se situe donc au niveau du témoin et de l'intermédiaire s'il y en a : l'observateur ou le témoin est-il compétent pour traiter la question posée. Décomposons le message transmis par un témoin : au moment de l'**observation**, celui-ci a-t-il bien **perçu** le fait ou le phénomène qu'il **rapporte**? À ce même moment, il **raisonne** car il **interprète** puis **mémorise** ce qu'il **perçoit**: le fait-il correctement? Est-il intellectuellement capable de le faire? L'a-t-il interprété et mémorisé, il va **l'énoncer**: le risque ici est qu'il déforme la réalité, volontairement ou involontairement. S'il y a **un intermédiaire** entre le témoin et le chercheur, celui-là à son tour perçoit, puis raisonne et enfin restitue.

Figure n° 11:

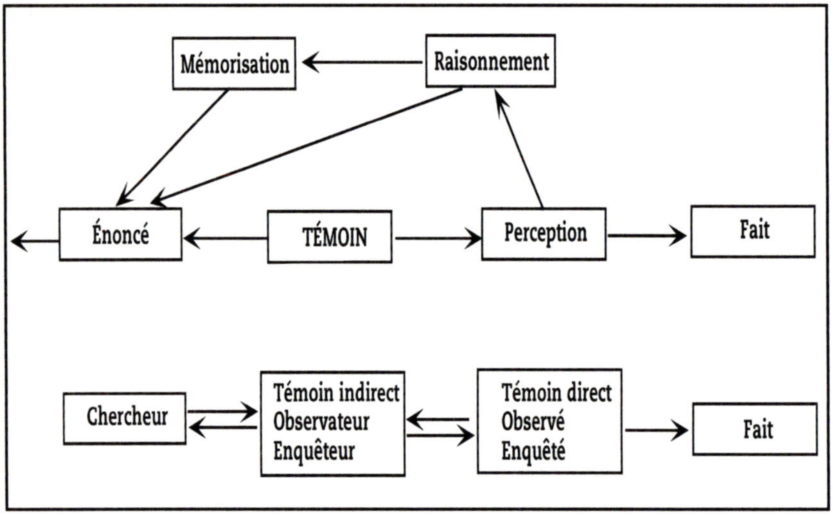

La critique d'autorité se focalisera donc sur la qualité de la perception, du raisonnement, de la mémorisation et de l'énoncé du témoin et de l'observateur s'il y en a. La critique s'applique à tous les intervenants de la chaîne informationnelle.

Un **témoin** est toute personne qui rapporte des faits qu'il a vécus, vus ou entendus (cf. critique d'originalité: témoin direct ou indirect). Les exemples de témoins sont multiples: une personne interviewée dans la rue est un témoin, comme le sont aussi un gendarme faisant un rapport ou un officier d'état civil qui note une naissance dans un registre.

Selon les situations, la distance entre le chercheur et le phénomène étudié est grande ou petite. Différents cas peuvent en effet se présenter :

- le chercheur est lui-même témoin du fait à rapporter, comme le serait un sociologue présent à une manifestation qu'il décrirait par après, ou encore comme un anthropologue qui s'immerge dans une population (cf. *supra :* l'observation) ;
- le chercheur se fait rapporter le fait par un témoin qui l'aurait vécu, comme par exemple un sociologue enquêtant de porte à porte, ou comme un historien décrivant les faits passés au travers d'un témoignage écrit ;
- le chercheur se fait rapporter le fait par un ou plusieurs intermédiaires (observateurs) ayant interrogé le ou les témoins ayant vécu ce fait : ainsi le sociologue envoyant les interviewers sur le terrain illustre bien ce cas ; mais ce cas correspond aussi à toute situation impliquant des témoins indirects.

B. La critique de compétence ou la valeur de l'observation : perception et raisonnement

On partira ici du dernier schéma évoqué, le plus complexe, et partant celui qui pose le plus de problèmes critiques puisqu'on y multiplie les intermédiaires : celui des enquêtes sociologiques. Dans le jargon du sociologue, on parlera de l'enquêté(e) d'une part et de l'enquêteur (E) au service du chercheur d'autre part.

Que peut-on dire de la **compétence de l'observé** (l'enquêté) ?

Une première question se pose quant au **choix du témoin** : est-ce qu'on choisit le témoin ou pas, est-ce qu'on le tire au sort ou pas. Cela dépend de l'objectif de la recherche. Si on veut connaître l'**opinion** des témoins, on va employer la technique de l'échantillonnage (tirage au sort) ; par contre, si on veut approcher la **vérité**, on a avantage à choisir le meilleur témoin. Ce problème du choix du témoin se rencontre aussi en ethnographie :

> « *Ces êtres que, faute de mieux, les ethnographes appellent des informateurs sont aussi divers que peuvent l'être les hommes. Ils sont*

choisis en premier lieu chez les peuples où se poursuivra l'enquête, bien qu'il soit souvent nécessaire, pour avoir une vue extérieure des faits, de faire appel aux représentants d'autres groupes. Des résultats extrêmement intéressants ont été obtenus en mettant en contact des individus appartenant à des populations différentes, ayant des croyances religieuses comme des organisations politiques et sociales distinctes. Un bon procédé consiste à avoir recours au début d'une enquête aux responsables traditionnels, souvent dignitaires religieux, qui sont à même de fournir des indications précieuses et d'orienter les chercheurs vers les meilleures sources d'information. Les spécialités et le savoir étant, comme dans toute société, répartis entre de nombreux individus, l'ethnographe se trouvera d'abord devant un groupe avec lequel il travaillera avant qu'il ne devienne nécessaire, pour certains sujets précis ou particulièrement délicats, de s'adresser à une seule personne.

Toutes les variétés d'informateurs existent, depuis le savant volontiers loquace jusqu'au personnage instruit mais demeurant muet des heures entières, somnolant et rêvant, apparemment détaché des préoccupations de l'ethnographe et qui, à un moment imprévisible, livrera des informations parfaitement claires et ordonnées sur des faits considérables, jusqu'à l'indiscret et au bavard. Prolixe, s'exprimant de manière désordonnée, imprécis, passant volontiers d'un sujet à l'autre, ce dernier peut cependant rendre de grands services par les incidences de son discours qui révèlent parfois l'existence d'institutions insoupçonnées que l'on étudiera plus tard avec les spécialistes adéquats. Le choix et l'utilisation des compétences sont des problèmes délicats. On se trouve devant des savants, des philosophes, des poètes, des techniciens qu'on ne peut contraindre sans risquer qu'ils ne livrent aucune information. Dans ce vaste éventail, l'ethnographe doit être à même d'identifier les informateurs qui lui sont nécessaires, « doués de bonne foi et d'une mémoire suffisante, possédant une autorité et une compétence qu'il lui faudra éprouver » (M. Griaule).

Lorsqu'ils ont été découverts, il peut être délicat de travailler avec certains d'entre eux en raison du réseau serré d'interdits qui en font des personnages difficiles à approcher. Des gens au courant d'une institution peuvent être totalement ignorants d'une quantité d'autres faits ; il peut arriver aussi que certains textes oraux soient la propriété d'une famille, même quand ils sont très connus de l'ensemble de la population, et qu'un seul homme possède le droit de les réciter, dans le cas le plus simple, quand cette récitation n'exige pas des conditions particulières. Encore les informateurs ne se trouvent-ils pas toujours dans l'état psychologique souhaité par l'ethnographe. Il est des faits sur lesquels il est ardu d'obtenir des informations amples, d'autres sur lesquels il n'est gère possible de poser de questions. Une réserve peut exister à leur sujet hors d'un petit cercle d'initiés où l'étranger à ce cercle, à plus forte raison à la société, ne peut pénétrer. Il est aussi des faits dont on ne peut parler à toute heure : il existe des « paroles de jour » et des « paroles de nuit », qui ne trouvent leur place que dans le déroulement du temps. L'ethnographe l'apprend vite à ses dépens et son seul recours pour être instruit consiste à adopter le rythme imposé par les intéressés. Il est encore des sujets qui ne peuvent être abordés au village, d'autres que l'on traite utilement sur la place publique ou dans la maison au coin du feu. »[40]

Comme on l'a déjà suggéré, la question fondamentale relative au témoin est celle de sa compétence ou capacité intellectuelle à observer et à raisonner.

Comment garantir **la compétence de l'observateur**, cet intermédiaire entre le chercheur et le(s) témoin(s) ? Il existe un certain nombre de **qualités de base valant aussi bien d'ailleurs pour l'enquêté que pour l'enquêteur**.

Elles peuvent se résumer en quelques questions :

- a-t-il la **capacité physique** (par exemple : être au bon endroit), psychologique (choc de l'événement), et intellectuelle requise ? Autrement dit encore, a-t-il les sens normaux pour observer ?
- a-t-il une bonne **compétence intellectuelle** ? Une observation se divisant en une série d'observations élémentaires, il s'agit pour lui de les ordonner et d'en faire la synthèse, donc avoir une certaine intelligence. De plus, il doit avoir un minimum de connaissances techniques pour comprendre le fait qui se déroule devant lui. L'expérience prouve que plusieurs témoins du même fait ne perçoivent en général qu'une partie du phénomène, celle qui, à ce moment précis, les intéresse, les préoccupe, les impressionne...
- est-il **exempt de préjugés** ? L'existence de préjugés amène, au moment de l'observation, à ordonner les faits selon sa logique propre qui peut être différente de celle de son voisin.

40. J.P. Lebeuf, *Op. cit.*, pp. 188-189. © Éditions Gallimard.

Nous avons tous des a priori, un cadre de référence. Dans les écoles de journalisme, les professeurs conscients de ces faiblesses conseillent aux futurs journalistes :

> *« Vous pouvez commencer par vous demander ce que vous ressentez personnellement au sujet de l'événement auquel vous allez assister. Personne n'ignore que les gens ont tendance à voir ce qu'ils ont envie de voir ; demandez-vous donc ce que vous avez envie de voir, vous. Demandez-vous ensuite ce que vous vous attendez à voir. Ayez conscience de vos propres partis pris, mais n'allez pas jusqu'à rejeter une observation parce qu'elle est en accord avec vos préventions. Cela étant bien établi, considérez votre point d'observation. Le meilleur endroit pour installer tout votre matériel n'est pas forcément le meilleur poste d'observation. »*[41]

Si l'on envisage la compétence de l'observateur cette fois, il y a aussi un certains nombre de **vérifications incombant au chercheur** qui délègue cet observateur sur le terrain (cf. *supra*, l'unité de l'observateur) :

- le **choix** des observateurs ou enquêteurs : il faut s'assurer que ceux-ci possèdent la compétence technique appropriée, car une enquête menée sur le terrain ne s'improvise pas. Il faut tenir compte également de la situation d'enquête : pour mener une enquête dans une prison par exemple, on ne choisira pas n'importe qui comme enquêteur.
- la **formation** des observateurs : ils doivent recevoir une formation théorique, aussi bien qu'une formation pratique, c'est-à-dire avoir fait des exercices avant d'aller sur le terrain. Ils seront des « professionnels ».
- le **contrôle** des observateurs : avant l'enquête, il s'agit de vérifier quel est leur cadre de référence par rapport au phénomène observé ; pendant l'enquête, il faut s'assurer notamment que l'observateur n'est pas « victime » du phénomène qu'il observe.

Enfin, pour que l'observation soit de qualité, il existe un certain nombre de **questions méthodologiques** à examiner notamment

41. M. GARVEY et W. RIVERS, *L'information radiotélévisée : principes, exemples, applications*, Bruxelles, De Boeck, 1984, pp. 156-159.

dans le cadre des enquêtes sociologiques. C'est la problématique de la technique utilisée. À celle-ci appartiennent la qualité du questionnaire d'une part, et la méthode d'interrogation d'autre part.

En ce qui concerne la **qualité du questionnaire**, plusieurs points sont à relever : le questionnaire devant être rédigé avant d'aller sur le terrain, il doit respecter certaines règles méthodologiques, à savoir que les questions doivent être neutres (ne pas induire de réponse), être claires et respecter un certain ordre (pour que l'enquêté puisse se familiariser avec le sujet). Les questions personnelles généralement placées au début pour identifier l'individu, risquent de mettre mal à l'aise l'enquêté : on veillera donc à leur formulation. S'il y a trop de questions, il peut être utile de les regrouper en sous-thèmes afin d'introduire une cohésion dans l'ensemble des questions. Il faut varier la forme du questionnaire, surtout lorsqu'il est long, ceci pour éviter la monotonie. Le questionnaire doit avoir une durée acceptable... [42].

Un autre objet de notre attention, la **méthode d'interrogation**, car on peut avoir un très bon questionnaire mais mal mener son enquête sur le terrain. L'ethnographe aussi est souvent confronté à ces questions :

> *« La difficulté majeure réside dans la manière de formuler, pour les faire passer, les questions qui ne peuvent atteindre l'interlocuteur que si l'enquêteur a réussi à se départir de ses préjugés et de sa logique propre. L'enquêteur doit conduire les intéressés à s'exprimer librement. La méthode d'interrogation varie avec chaque groupe d'informateurs, le problème essentiel résidant dans la manière dont les questions sont formulées. L'ethnographe doit parfois savoir cacher la flamme qui le brûle en parlant de tout sauf du sujet dont il est obsédé et, s'il le faut, en n'y revenant que par des chemins tortueux. Quand on y parvient, la preuve est faite que l'on a commencé à sentir, avant de comprendre, la nature du système démonté devant soi. Une des plus grandes difficultés de l'enquête orale réside dans l'extrême réceptivité des individus appartenant aux sociétés sans machinisme. Cette réceptivité peut les pousser à tenir aux ethnographes les propos qu'ils désirent entendre »* [43].

42. Voir par exemple R. GHIGLIONE, *Les enquêtes sociologiques : théories et pratique*, Paris, Colin, 1991 (Collection U. Sociologie).

43. J.P. LEBEUF, *Op. cit.*, pp. 190-191. © Éditions Gallimard.

C. Critique d'exactitude et de sincérité ou la valeur de l'énoncé ou de la notation

Le témoin ayant observé et compris ce qu'il a vu, peut-être est-il amené à l'énoncer, soit oralement, soit par écrit. À ce stade-ci, il peut déformer la réalité, volontairement ou involontairement.

1. Exactitude et déformations involontaires

La **critique d'exactitude** se préoccupe des déformations involontaires. Reprenons l'exemple des enquêtes sociologiques et des entretiens.

Dans ce cas, on s'inquiétera des **conditions favorables** à ce que l'**énoncé** par l'interviewé se passe bien : on distingue généralement les facteurs liés à la situation de l'interviewé, ceux liés à l'interviewé même, ceux liés à l'enquêteur et enfin au langage.

Pour les premiers, il y a **le lieu** : celui-ci doit présenter suffisamment de confort pour que l'entretien se déroule au mieux ; il y a aussi **le temps** dont dispose la personne interviewée ; et enfin, la présence d'autrui peut influencer les réponses de la personne.

Pour les **facteurs liés à l'interviewé**, retenons par exemple le **facteur culturel** : l'interviewé vit dans un milieu, dans une certaine classe sociale avec un certain stock verbal disponible et une certaine logique. L'enquêteur ne doit pas l'oublier. Tenir compte du **facteur conjoncturel**, c'est s'interroger sur la pertinence et l'importance du thème pour l'interviewé, et de l'attitude de celui-ci. Souvent, dès qu'une personne est interrogée, elle est persuadée qu'elle joue un « rôle », ce qui l'incite à ne pas dire exactement ce qu'elle pense. Un autre facteur méritant une attention est **le cadre de référence** de la personne interviewée. Celui-ci doit être bien connu par l'enquêteur. Viennent enfin les facteurs motivationnels, le « self-esteem » : le désir de la personne interviewée de donner d'elle une image flatteuse peut l'amener à déformer la réalité.

Les déformations peuvent être suscitées aussi par **l'enquêteur**. Ses **caractéristiques physiques** elles-mêmes sont susceptibles de perturber la qualité de l'énoncé de l'enquêté : sexe, âge, race, habillement. De plus, l'enquêteur dispose aussi d'un **cadre de référence** qui peut l'amener sans qu'il ne s'en rende compte à suggérer des réponses.

Enfin, les **facteurs liés au langage** sont aussi importants puisque l'énoncé dépend du langage : l'observateur, par sa façon de parler, livre en quelque sorte sa personnalité à l'enquêté, ce qui peut l'amener à répondre dans tel ou tel sens. Il est donc conseillé à l'enquêteur d'utiliser le langage le plus neutre possible. La question elle-même, si elle n'est pas bien comprise par l'enquêté, peut rendre l'énoncé inexact.

Débordons le cadre strict des enquêtes sociologiques et voyons l'influence du **temps écoulé entre la perception et l'énoncé**. Cela permet d'aborder la question de la mémorisation annoncée dans le préambule. Les récits de vie, les entretiens sont concernés. Les sources littéraires illustrent bien cette question également : l'écrivain de mémoires, de roman autobiographique, de romans réalistes,... mais aussi tout témoignage relatant des faits passés. On suspectera les infidélités de mémoire qui peuvent introduire des éléments inexacts dans l'énoncé ; on sera dès lors attentif au délai écoulé entre la perception et l'énoncé, comme on avait déjà été attentif à l'âge au moment de la perception (cf. critique d'originalité). Il peut d'ailleurs y avoir cumul des défauts lorsque l'énoncé d'un fait vécu alors enfant se fait à un âge avancé.

Un long délai favorise aussi l'intrusion de l'imagination : on a tendance avec le temps à raconter les choses différemment, surtout si on les a souvent racontées. D'autres déformations sont connues : la réduction (on réduit la perception du phénomène à quelques événements seulement et on oublie certains éléments), l'accentuation (on accentue l'importance de certains faits ou de certains éléments), la dramatisation (on ramène tous les faits à une seule personne, à un seul lieu), et enfin le raisonnement (on donne une logique à un événement, ce qui amène à « reconstruire » l'événement).

Une dernière source de déformation involontaire affecte les sources littéraires essentiellement. Elle provient d'un **souci littéraire** : lorsque l'on s'efforce de bien écrire, il se peut que l'on déforme la réalité. Le plaisir de placer un bon mot peut tronquer la réalité. Quelles sont les déformations qui peuvent survenir ? Oratoire (multiplication des paroles nobles prononcées par les protagonistes), épique (accumulation de détails précis et pittoresques), lyrique (exagération des sentiments), et dramatique (concentration de tous les faits rapportés sur une même personne). Ces défauts n'affectent pas que les sources littéraires uniquement. Le souci de bien dire, de faire rire son auditoire peut amener un journaliste, un homme politique... à déformer la réalité.

Des déformations involontaires inhérentes aux difficultés classiques de « **communication** » entre deux individus peuvent surgir dans les schémas informationnels complexes impliquant des témoins indirects. Deux individus se comprennent parfaitement lorsqu'ils ont le même cadre de référence ou le même « répertoire » disent les spécialistes de la communication. Beaucoup d'implicite dans l'énoncé de l'émetteur ne gène pas le récepteur (perception) dans ce cas. La vérification des cadres de référence de chacun de ces deux partenaires relève donc de la critique d'exactitude.

2. Sincérité et déformations volontaires

Examinons à présent **la critique de sincérité**. Celle-ci suspecte des déformations volontaires de la réalité (mensonge,...) et vérifie chez le témoin les **raisons possibles de mentir**. Pour illustrer cette unique question que comporte la critique de sincérité, nous envisagerons successivement les témoignages d'individus, ceux des sociétés privées, ainsi que ceux des gouvernements.

Si l'on considère les enquêtes (recensements...) auxquelles sont soumis les individus ou les sociétés privées, la crainte du fisc peut constituer une explication valable de certaines déformations de la réalité : en effet, toute enquête invite le citoyen à découvrir les intentions du promoteur (gouvernement, ministère,...). Une autre raison de mentir pourrait être le désir de **s'opposer** au gouvernement, ce qui rend suspects les résultats d'enquêtes menées par l'occupant, par exemple. Le désir de **tromper les concurrents** peut aussi inciter les sociétés privées à tronquer leurs rapports d'activité (état des stocks, prix catalogues,...). Enfin, le **respect humain** engendre parfois certaines déformations : les statistiques médicales sont souvent biaisées pour cette raison. La peur de la **contre-publicité** peut amener des responsables à faire des déclarations peu exactes (statistiques de viols, de suicides, de délinquants,...).

L'usage de sources officielles ne dispense pas le chercheur de la question : quelles sont **les raisons de mentir des gouvernements** ? Trop de raisons existent en effet. Le poids de l'**idéologie** en est une.

> *« Qu'est-ce qu'une idéologie ? C'est une triple dispense : dispense intellectuelle, dispense pratique et dispense morale. La première consiste à retenir les seuls faits favorables à la thèse que l'on soutient, voire à en inventer de toutes pièces, et à nier les autres, à les omettre, à les oublier, à empêcher qu'ils soient connus. La dispense pratique supprime le critère de l'efficacité, ôte toute valeur de réfutation aux échecs. L'une des fonctions de l'idéologie est d'ailleurs de fabriquer les explications qui l'en absolvent. Parfois l'explication se réduit à une affirmation pure, à un acte de foi : « Ce n'est pas au socialisme que l'on doit imputer les difficultés rencontrées dans leur développement par les pays socialistes », écrit Mikhaïl Gorbatchev dans son livre publié en 1987, Perestroïka. Réduite à son armature logique, cette phrase équivaut à ceci : « Ce n'est pas à l'eau que l'on doit imputer les problèmes d'humidité qui se posent aux pays inondés. » La dispense morale abolit toute notion de bien et de mal pour les acteurs idéologiques ; ou plutôt, chez eux c'est le service de l'idéologie qui tient lieu de morale. Ce qui est crime ou vice pour le commun ne l'est point pour eux. L'absolution idéologique du meurtre et du génocide a été amplement traitée par les historiens. On mentionne moins souvent qu'elle sanctifie aussi la concussion, le népotisme, la corruption. Les socialistes ont une si haute idée de leur propre moralité qu'on croirait presque, à les entendre, qu'ils rendent la corruption honnête en s'y livrant, loin qu'elle ternisse leur vertu quand ils y succombent.*
>
> *Puisqu'elle exempte à la fois de la vérité, de l'honnêteté et de l'efficacité, on conçoit qu'offrant de si grandes commodités, l'idéologie, fût-ce sous d'autres noms, ait été en faveur auprès des hommes depuis l'origine des temps. Il est dur de vivre sans idéologie, puisque l'on se trouve alors devant une existence ne comportant que des cas particuliers, dont chacun exige une connaissance des faits unique en son genre et appropriée, avec des risques d'erreur et d'échec dans l'action, d'éventuelles conséquences graves pour soi-même, des dangers de souffrance et d'injustice pour d'autres êtres humains, et une probabilité de remords pour celui qui décide. Rien de tel pour l'idéologue, qui plane au-dessus du vrai et du bien, qui est lui-même la source du vrai et du bien. Voici un ministre réputé pour*

sa vertu, son culte des droits de l'homme, son amour des libertés. Il n'hésitera point à faire pression sur une administration, à la menacer, pour faire nommer sa femme, en toute irrégularité, professeur dans une grande école et en faire chasser le titulaire. L'abus despotique du pouvoir au service du favoritisme familial le plus trivial, qu'il flétrirait avec écœurement s'il le voyait pratiquer hors de son camp, cesse de lui paraître honteux venant de lui. Ce n'est point simple complaisance à soi, mécanisme psychologique banal. Cet homme n'est point isolé, il est accompagné, soutenu par la substance sacrée de l'idéologie, qui capitonne sa conscience et le pousse à penser qu'étant lui-même à la source de toute vertu, il ne saurait sécréter que de bonnes actions. « Pour comprendre comment il se peut faire qu'un homme soit en même temps zélé pour sa religion et fort débauché, écrit Pierre Bayle, il n'y a qu'à considérer que, dans la plupart des hommes, l'amour de la religion n'est point différent des autres passions humaines... Ils aiment leur religion comme d'autres aiment leur noblesse ou leur patrie... Ainsi, croire que la religion dans laquelle on a été élevé est fort bonne et pratiquer tous les vices qu'elle défend sont des choses extrêmement compatibles. Dans ses commencements, une idéologie est un brasier de croyances qui, quoique dévastateur, peut enflammer noblement les esprits. À son terme, elle se dégrade en syndicat d'intérêts. »[44]

Une autre raison de mentir existe particulièrement lorsque le gouvernement est en situation de **négociations**. Les gouvernements peuvent aussi mentir pour ne pas dévoiler des stratégies militaires. Le **bluff** parfois se rencontre dans certaines déclarations officielles. La **sécurité militaire** est prétexte parfois pour taire certains chiffres concernant la défense nationale du pays. Enfin, selon que l'on veuille faire croire à **l'échec ou au succès des plans**, on a vu des régimes déformer leurs statistiques officielles.

La conclusion est que « le mensonge simple est une pratique courante en politique »[45]. Ici il s'agit de tromper d'autres gouvernements, là il s'agit de tromper l'opinion publique[46].

---

44. J.F. REVEL, *La connaissance inutile*, Paris, Grasset, 1988, pp. 160-161.

45. J.F. REVEL, *Op. cit.*, p. 29.

46. « Dans les régimes totalitaires dominent la censure et la propagande ; dans les sociétés démocratiques règne l'information très abondante et d'assez bonne qualité ; et dans les sociétés mélangeant dictature et liberté, mais souffrant d'une grande pauvreté, censurée ou pas, l'information s'y caractérise surtout par son indigence » (J.F. REVEL, *Op. cit.*).

Dès lors que la critique de sincérité suspecte les déformations volontaires, le mensonge n'est pas la seule préoccupation. Se taire en effet, **le silence** autrement dit, est aussi une façon de ne pas dire (toute) la vérité. Corollairement, **accentuer une partie du fait**, au détriment d'une autre partie défavorable à ses intérêts, ou en la taisant tout simplement, relève aussi de la critique de sincérité. Pour mettre en évidence ces défauts, il faut nécessairement recourir à **la comparaison de témoignages** de personnes ne défendant pas les mêmes intérêts (cf. *infra*, critique de confrontation).

3. La représentativité

Classiquement, la critique d'autorité s'arrête ici. À l'intention des disciplines qui recourent aux grandes enquêtes, considérons encore la notion de **représentativité**, qui appartient sans aucun doute à la problématique de la critique d'autorité. En effet, mettre en cause la représentativité d'un témoin dans le langage courant ou mettre en cause la représentativité d'un échantillon dans le langage statistique, c'est s'interroger sur la **validité de l'énoncé** de ce témoin ou de cet échantillon.

Penchons-nous d'abord sur la **représentativité dans le langage commun**. Si l'on étudie un phénomène complexe comprenant de nombreux faits, il est probable que chaque témoin interrogé témoignera correctement mais seulement sur une partie du phénomène, celle qui l'a personnellement intéressé ou celle qui l'a frappé particulièrement (cf. *supra*, la qualité de l'observation). On a alors affaire à des vérités partielles qu'il faut agréger pour reconstituer « toute la vérité ».

La **représentativité dans le langage statistique** concerne **l'échantillon** : le nombre de témoins est volontairement réduit. Si les conditions exigées par la théorie des sondages sont respectées, l'échantillon sera dit représentatif et **énoncera** aussi bien la réalité que la population totale ne l'aurait fait. L'antonyme du terme représentatif est le terme « biaisé ». Si l'échantillon est biaisé, les résultats de l'enquête sont inutilisables. Vérifier cette qualité de l'échantillon est donc une précaution essentielle.

Nous avons vu dans les principes généraux de la collecte des données les règles à respecter pour obtenir **un stock de données homogènes** au terme de l'enquête. On s'y référera donc pour comprendre l'intérêt qu'il y a à respecter ce que nous avons appelé les unités de l'observateur, de la population, du temps, de la mesure et du vocabulaire. C'est bien une démarche relevant de la critique d'autorité. Pour un échantillon, être déclaré représentatif, c'est être apte à « témoigner » au nom de l'ensemble de la population.

D. Critique d'autorité des médias

À titre d'exercice, voyons comment appliquer la critique d'autorité aux grands médias (journal télévisé et presse écrite). Pour nous inspirer, lisons deux textes.

Texte 1 :

> *« Selon une idée reçue, l'enfant moderne compenserait les insuffisances et les partis pris de l'enseignement scolaire au moyen des informations que lui apportent les médias. Ce serait même là une des sources de « démoralisation » du corps enseignant, dépouillé du « public captif » que constituaient jusqu'alors ses ouailles et de l'autorité que lui conférait jadis le monopole dans la dispensation du savoir. Je ne sais si les gens qui tiennent ce raisonnement ont souvent regardé leurs enfants regarder la télévision et se sont souvent regardés eux-mêmes quand ils la regardent. Outre que les préjugés politiques des journalistes des médias ne sont souvent pas très éloignés de ceux des professeurs, tantôt par choix tantôt par conformisme et paresse, outre également que l'éducation ne se nourrit pas seulement de l'actualité du jour, fût-elle « culturelle », on ne peut éviter de songer à la nature volatile de l'information télévisée et à l'état semi-onirique dans lequel nous la percevons. La caractéristique du fait télévisé, c'est qu'il est séparé du contexte et des antécédents, qu'il n'est ni situé ni expliqué, sinon par des propos nécessairement si maigres qu'il vaudrait mieux s'en abstenir. C'est la violence de l'image et non l'importance de l'événement qui produit la force de l'impression. Or l'éducation, l'initiation à la culture et l'apprentissage d'une pensée autonome supposent des conditions qui sont aux antipodes de cette perception passive. Je me réfère*

surtout aux journaux télévisés, car les magazines permettent bien davantage d'utiliser la puissance illustrative de la télévision sans renoncer au raisonnement, à la comparaison des données, bref à tout ce qui s'adresse à la conscience claire et laisse une trace dans la mémoire. Mais la masse principale des messages vient des journaux télévisés. Or la nature du médium télévisuel, indépendamment, bien sûr, de la volonté des journalistes, favorise chez le téléspectateur à la fois l'intensité de l'impression et la rapidité de l'oubli. La loi du genre impose la succession rapide et la brièveté des sujets. Elle entraîne l'absence de hiérarchie. Une nouvelle internationale ou économique d'une extrême importance voisine avec un fait divers ou un épisode local. Le commentaire, inévitablement très simplifié, reste superficiellement perçu quand il est même physiquement entendu. Le « je l'ai vu » à la télévision n'implique pas qu'on ait la moindre notion de ce qu'« il » a dit. Isolée de ses causes et de son contexte, l'image frappe un étage de notre perception où l'analyse intellectuelle, et donc la mise en route de la mémoire interviennent faiblement. Nous nous rappelons de « grands moments de télévision » parce qu'ils nous ont marqués par le pathétique, le baroque, l'horrible ou le comique, non par leur valeur explicative ou leur influence objective sur le cours de l'histoire.
On pourrait appliquer à l'état de conscience du téléspectateur, qui est aussi un télé-électeur, les quatre termes qu'employait Freud pour décrire le mécanisme du rêve : « déplacement » (ce qui veut dire que quelqu'un peut jouer le rôle de quelqu'un d'autre) ; « dramatisation » (ce qui veut dire que le geste remplace la pensée) ; enfin, « condensation » et « symbolisation ». J'y ajouterai un cinquième terme : évaporation.

Ce n'est pas là une « critique de la télévision », critique qui n'aurait pas plus de sens que celle des voyages aériens. Constatons simplement que l'information télévisée – même si j'écarte par hypothèse les déformations dues au parti pris, à la censure ou à l'incompétence – n'est qu'une forme d'enregistrement et non d'analyse des faits. Et encore n'enregistre-t-elle que la face externe des événements, jouant devant nous une pièce dont nous ne parviendrions pas à entendre le texte. Pièce somptueuse, à n'en pas douter, et qui a enrichi jusqu'au prodige, jusqu'à la satiété notre vision physique de la planète et de nos frères humains. Mais cette vision ne nous permet pas de tirer la leçon des faits, de les rattacher les uns aux autres, ni d'introduire un ordre entre les antécédents et les conséquences. Comment pourrions-nous dès lors articuler les événements au sein d'une compréhension d'ensemble et les intégrer avec un *sens et une valeur à notre mémoire ? Une impression chasse l'autre – et c'est ce dont savent fort bien jouer les plus habiles politiques. Une autre servitude accentue la faiblesse de la capacité formatrice des médias : c'est l'impossibilité, voire l'inutilité de rectifier. Toute information, si monstrueusement fausse ou privée de perspective soit-elle, vogue, une fois diffusée, comme un navire désemparé et démâté que plus rien ni personne ne peut ramener au port pour le rafistoler. Or l'apprentissage de la pensée est, dans une large mesure, un processus permanent de rectification initiale, qui ne cesse ainsi de se modifier.* »[47]

Texte 2 :

« L'INTERVIEW

L'interview est le nerf du journalisme audiovisuel. La plupart des reportages sonores de la radio et des reportages vidéo de la télévision sont des interviews.
Cependant, c'est aussi l'une des formes les plus critiquées de l'information audiovisuelle. Le plus souvent, une interview radiophonique n'excédera pas 40 secondes – et sera généralement plus brève. Une interview télévisée pourra aller jusqu'à la minute ou plus, selon le contenu et le style de l'émission dans laquelle elle figure. Dans l'un et l'autre cas, l'extrait choisi ne représente probablement qu'une petite fraction de tout ce qui a été enregistré pour la séquence en question.
Comment interviewer pour l'audiovisuel ?
Tout ce qui fait l'information est revu et corrigé. Tout comme les services d'information audiovisuelle, les journaux doivent élaguer et sélectionner les données qu'ils recueillent. Certains experts ont estimé qu'un pour cent seulement des nouvelles réunies quotidiennement par la presse paraît finalement dans les journaux. Ceux-ci condensent aussi les interviews, mais ils peuvent néanmoins en présenter de plus larges extraits que la presse audiovisuelle. En outre, les journaux peuvent se permettre une mise en forme plus souple. Ils peuvent couper un mot par-ci, une phrase par-là, et fournir au bout du compte un texte plus coulant que l'interview originale. Les spécialistes de l'audiovisuel ne peuvent éliminer le superflu avec autant de précision. Pour des raisons techniques, et aussi à cause des fameux délais, toujours trop brefs, ils sont obligés d'utiliser tels quels de longs passages de leurs enregistrements. Ils ont rarement

---

47. J.F. REVEL, *Op. cit.*, pp. 320-322.

la possibilité de piquer des phrases à droite et à gauche. L'extrait entier est généralement à prendre ou à laisser. Ils sont donc parfois contraints de renoncer à faire entendre certaines déclarations qui apportent des précisions sur l'extrait diffusé, uniquement parce qu'elles appartiennent à un autre moment de l'interview. De ce fait, lorsque l'interview passe à l'antenne, il se peut que l'interviewé ait l'impression d'avoir été incorrectement cité. Il serait plus exact de dire « insuffisamment cité » – on n'a utilisé qu'une trop brève partie de sa déclaration pour que le sens général de celle-ci apparaisse clairement.
Par ailleurs, le journaliste de la presse écrite peut contribuer à clarifier les passages obscurs, ambigus, voire inexacts de l'interview originale. En revanche, celui de l'audiovisuel est bien obligé de faire avec ce qu'il a et de reproduire les propos de l'interviewé exactement comme celui-ci les a prononcés. S'il intercale des commentaires pour expliquer ce que l'interviewé voulait effectivement dire, il risque même d'être accusé de chercher à déformer ses propos. Les interviewers expérimentés de la presse audiovisuelle savent que les gens disent parfois, sans le vouloir, exactement le contraire de ce qu'ils veulent dire. Cela arrive constamment. Dans le contexte plus large d'une interview prolongée, la véritable opinion de l'interviewer n'interrompt pas immédiatement son interlocuteur pour lui demander de corriger ou de clarifier ce qu'il vient de dire, des déclarations involontairement fausses resteront telles quelles dans l'enregistrement et risquent même de passer à l'antenne.
La plupart des journalistes de l'audiovisuel ont moins de temps pour préparer leurs interviews que leurs confrères de la presse écrite. Dans les entreprises assez modestes, le même journaliste devra parfois réaliser plusieurs interviews dans la même journée et faire en outre d'autres reportages. Dans ces conditions, il n'a pas tellement le temps de potasser son sujet avant de s'en aller poser les questions. »[48]

Le téléspectateur ou le lecteur de son quotidien font partie de la chaîne d'information, comme le conçoit la critique historique (cf. chapitre 1). La question qu'il faut se poser est la suivante : est-ce que les faits rapportés par les journalistes sont exacts ? Il faut donc vérifier l'énoncé du journaliste aussi bien que celui du témoin interviewé, et vérifier la qualité de la perception du fait ou de

48. D. Garvey et W. Rivers, *Op. cit.*, pp. 171-172.

l'observation par le témoin et le journaliste. En résumé, et pour rappel, la critique d'autorité cherche à vérifier la qualité de l'observation (perception et raisonnement) et celle de l'énoncé (exactitude et sincérité). Ces deux questions de qualité se posent à tous les niveaux : le(s) témoin(s) interviewé(s), le journaliste en observation ou qui interroge, le journaliste qui présente ou écrit, et même le lecteur ou le téléspectateur (perception). Les questions à poser sont reprises dans le tableau qui suit :

Critique d'autorité des grands médias

Perception Observation par les témoins et les journalistes	Voir plus haut : qualité de l'observation et de l'interview = compétence du témoin et du journaliste		
Énoncé JT et presse	Construction du média	Choix des sujets à traiter	Préjugés Idéologie(s) Censure Influences = Sincérité + Exactitude
		Choix des faits retenus	
	Présentation des informations	Technique d'écriture ou de fabrication	Presse écrite avantagée = Exactitude
		Espace et temps consacré	
Perception du lecteur ou téléspectateur	Nature du média et perception	Cf. critique externe : texte, son, image	Perception différente selon la nature du média
	Attitude du lecteur ou téléspectateur		Raisonnement ou impression Oubli ou mémorisation

CHAPITRE 7

COLLECTE DES DONNÉES, PREMIÈRES INTERPRÉTATIONS ET PREMIERS TRAITEMENTS. CRITIQUE INTERNE : COMPRENDRE LE TEXTE

A. Problématique

Que signifie ce message qui est reçu ? La critique d'interprétation est la seule critique où l'on n'adopte pas une attitude « agressive » envers le témoin ou le document. En effet, c'est le chercheur qui se met en cause face au document qu'il interroge. Il s'agit de faire dire au texte tout ce qu'il peut dire mais ne pas lui demander ce qu'il ne peut dire et ne pas le lui reprocher.

L'objectif de la critique d'interprétation sera d'**établir le sens du document** : on veut être certain de bien comprendre le texte. C'est l'**herméneutique**.

Pour comprendre le texte, on sera également attentif aux **questions de vocabulaire** : il faut en effet comprendre tous les mots, éviter l'anachronisme, c'est-à-dire attribuer à une époque le sens des mots d'une autre époque (anachronisme au sens premier), et veiller aux différences de signification pouvant exister pour un même mot dans des régions différentes ou dans des groupes sociaux différents (anachronisme « spatial » ou « social »). Remarquons que les statistiques aussi bien que les textes littéraires doivent être soumis à la critique d'interprétation (cf. *supra*, l'unité de vocabulaire).

Les « recettes » sont simples à énoncer mais difficiles à appliquer : bien pénétrer la mentalité de l'auteur et établir le sens du texte.

B. Pénétrer la mentalité du témoin

Durant cette étape de la critique, le chercheur tendra à se substituer au témoin, à l'auteur. Quelle est la technique pour y parvenir ?

On prendra la peine d'abord de **lire et relire le texte**, écouter et réécouter le discours. On sera attentif notamment à identifier les termes techniques et à préciser leur sens à cet endroit.

Au terme de ces lectures et relectures, on aura découvert l'**objet du texte** et identifié ce qui est de l'ordre du **fait** (événement) et ce qui est de l'ordre de **l'opinion**.

Ces lectures auront permis d'identifier aussi tous les **événements** et leur **chronologie**, les **acteurs**, les **institutions** évoquées dans le texte.

On sera fixé aussi sur l'**opinion de l'auteur**, **sa position** (favorable ou défavorable) par rapport à l'objet et l**es arguments** qu'il emploie pour l'appuyer.

Pour pénétrer la mentalité de l'auteur, il faut ensuite **bannir nos idées préconçues**, c'est-à-dire faire table rase de tous nos a priori et de tous nos préjugés, pour ne faire plus qu'un avec le témoin. Ici, c'est donc bien le chercheur qui est mis en cause, et non plus le témoin. Le sociologue H. Mendras commente ainsi la question :

> *« Pour le sociologue, comme pour les autres savants, le problème fondamental est celui de la distance entre l'observateur et l'objet observé. Pour le biologiste, le microscope s'interpose entre lui-même et l'objet qu'il observe. Le sociologue s'étudie en quelque sorte soi-même, en étudiant ses semblables et la société dans laquelle il vit. Il ne dispose pas d'un corps de connaissances scientifiques élaborées, et en est réduit à partir d'une connaissance de bon sens, d'idées préconçues et de notions empruntées au vocabulaire courant de la société dans laquelle il est plongé. Or il est impossible de faire une étude scientifique où l'on est soi-même un objet, sans être influencé par tous les problèmes psychologiques et sociaux dont on souffre ou qui vous passionnent. Établir artificiellement une distance entre soi et les réalités observées est la préoccupation primordiale du sociologue. Les techniques de recherche n'ont pas d'autre but. Pour l'ethnologue qui va étudier des tribus lointaines, la distance s'établit grâce au long voyage et à la différence qui sépare sa civilisation de celle qu'il va étudier. Mais il y a là aussi un danger, celui de*

voir cette situation étrange à travers le prisme de la sienne propre. (...) Lorsqu'il étudie une civilisation très différente de la sienne, l'ethnologue court toujours le risque de prendre l'étrange pour le significatif. Pour le sociologue, les techniques d'enquêtes sont un moyen d'arriver à une sorte de dédoublement de la personnalité pour s'abstraire de soi-même et de son propre milieu. Décrire, c'est avant tout compter. Compter les choses et les faits établit vis-à-vis d'eux une certaine distance. Les tableaux de chiffres ont des exigences propres. Mais la statistique n'arrive généralement à décrire que les apparences les plus superficielles, celles qui se laissent compter. Or ce qui importe, c'est de comprendre ce qui est le plus profond, qui généralement ne se compte pas. Le sociologue de la religion peut compter les gens qui vont à la messe; mais le chiffre qu'il obtient a-t-il un sens, et lequel? Ce qui l'intéresse, c'est de dénombrer les croyants, les «fidèles», or d'aller à la messe n'est pas un critère qui permette de jauger le degré de foi des fidèles (...)[49]. »

Il convient aussi de mettre au jour **la personnalité de l'auteur ou du témoin** (cf. critique de provenance). C'est, en d'autres termes, tenter de découvrir dans quel **contexte** social, racial, il a écrit son texte ou vécu le fait. C'est aussi trouver **le but qu'il poursuit** et identifier **le public auquel il s'adresse** (public convaincu, hostile...).

Plus largement, on identifiera **le genre auquel appartient le texte** : s'agit-il d'un pamphlet, d'un texte juridique, polémique, apologétique... ?

C. Établir le sens du document

Pour ce faire, il faut d'abord bien entendu **connaître la langue** de l'époque et de l'endroit. On sait que les langues varient dans le temps et l'espace, et même selon la tranche d'âge et le milieu socio-économique.

On procède ensuite, lorsque cela est possible, à la **confrontation du texte** avec d'autres documents faisant partie de l'histoire de celui-ci (cf. critique de provenance). Par exemple, confronter

49. H. MENDRAS, *Op. cit.*, pp. 15-16.

un texte de loi avec tous les projets et débats qui sont à son origine. Confronter une statistique annuelle aux statistiques mensuelles...

Il faut aussi se livrer à la lecture attentive des **introductions** et des **définitions** aussi bien dans les publications statistiques que dans les éditions de sources écrites, littéraires ou d'archives. La vérification du respect de l'**unité de vocabulaire** (cf. *supra*) prend toute sa valeur ici lorsqu'il s'agit d'exploiter des séries quantitatives couvrant une longue période ou intéressant des pays différents : les mots et les catégories des dénombrements recouvrent-ils toujours et partout les mêmes réalités ?

On s'évertue enfin à distinguer dans les textes **le sens littéral et le sens réel**. Le sens littéral est le sens premier, celui que l'on lit. Le sens réel est le sens caché, celui que lui donne l'auteur. La présence de ce dernier dépend du **genre** auquel appartient le texte (cf. ici, *supra*). Les textes normatifs n'ont qu'un sens littéral, le pamphlet ou un texte religieux, par contre, recourent souvent au sens caché. Classiquement, on énonce plusieurs techniques pour découvrir le sens réel d'un texte : identifier le **caractère de l'œuvre**, le **but** poursuivi, le **milieu** auquel s'adresse le texte, le **style** et le **tempérament** de **l'auteur** (cf. critique de provenance). Tous ces éléments en effet, s'ils sont connus, aident à comprendre les chiendents de la critique d'interprétation : les **allusions**, l'**implicite** et son corollaire, le **silence**.

L'ethnographe est souvent confronté à la question :

> *« L'enregistrement des réponses qui constituent la matière brute dont dispose l'ethnographe attelé à établir l'inventaire des faits particuliers à une société se poursuit avec la plus grande minutie et il est utile de l'accompagner d'indications portant sur les incidents mineurs de l'enquête, auxquels il a été fait allusion plus haut. L'élément le plus ténu, le fait apparemment le plus banal revêtent une importance qui peut n'être comprise que plus tard, lors de la révision des notes prises sur le vif. Il arrive souvent que l'ethnographe enregistre des informations dont le sens lui échappe et qu'il ne peut rattacher à rien de ce qui est acquis. Les expressions les plus pauvres peuvent cacher la pensée la plus profonde et la plus subtile. Ces notes apparaissent à l'usage comme les plus riches de contenu par l'effort de réflexion qu'elles nécessitent, les démarches nouvelles qu'elles assurent et qui, brusquement, aiguillant le chercheur, lui permettent d'appréhender des faits considérables dans toute leur*

ampleur. La révision quotidienne ou biquotidienne de la documentation réunie quelques heures plus tôt, quand l'ethnographe se trouve à nouveau seul, est indispensable. Dans leur désordre apparent, il recherche la ligne générale de l'information, s'efforce de mettre en relief les faits principaux, tente de dégager le fil de la pensée indigène et prépare le questionnaire vivant, ouvert à toutes les perspectives parce que adapté soigneusement à chaque cas particulier, qui servira de canevas à des recherches nouvelles en constante évolution. [50] »

D. Une technique quantitative à l'appui des sciences sociales : l'analyse de contenu

Il s'agit d'une technique qui permet de découvrir plus que le sens réel d'un texte : elle permet d'aller au-delà des mots, au niveau de l'inconscient de l'auteur en se fondant sur **les signes cachés dans le texte**. Les cas d'application de l'analyse de contenu sont très divers : il peut s'agir de documents écrits (journaux), oraux (entretiens psychiatriques) ou visuels (publicité). Les objectifs d'une analyse de contenu relèvent aussi bien de l'émetteur (quelles sont les intentions de l'auteur), du récepteur (à quoi l'audience s'intéresse-t-elle) que du message lui-même.

Recourant à des techniques quantitatives pour l'étude de grands corpus, l'analyse de contenu trouve en l'**ordinateur** un allié puissant.

Elle procède notamment à des **comptages de mots** afin de calculer leur fréquence d'apparition et donc la **fréquence du sens** que ces mots véhiculent : il y a des verbes d'action (action dont l'auteur rend compte), de position (jugement sur ce dont il parle), d'orientation (comment il convient de comprendre ces jugements) ; il y a des adjectifs évaluatifs positifs (moral, bon, fondamental...) et négatifs (mortel, mauvais...), etc.

Par ailleurs, les **associations fréquentes** de certains mots que l'analyse de contenu fait apparaître, permettent d'**identifier des thèmes**, des idées, un ton qui caractérisent le texte.

50. J.P. LEBEUF, *Op. cit.*, pp. 195-196. © Éditions Gallimard.

Une pratique encore est de confronter les textes (leurs mots) avec des **dictionnaires significatifs** de l'agressivité par exemple pour calculer un « score d'agressivité » de tel ou tel texte, de tel ou tel auteur [51] ou plus modestement de rechercher la fréquence de certains mots dont on sait qu'ils véhiculent un certain sens.

La pratique de l'analyse de contenu est ancienne. La micro-informatique et l'arrivée de nombreux logiciels d'**analyse textuelle** lui permettent de se développer.

E. Applications de la critique d'interprétation aux grands médias

Comme nous l'avons déjà signalé, la critique peut se pratiquer à plusieurs niveaux : un article précis, un journal précis, la presse écrite en général ; un JT précis, le JT dans une chaîne de TV précise, le JT en général. L'objectif est donc bien d'inviter à utiliser cette source dans les limites de ce qu'elle peut fournir. On se référera également à la critique d'autorité vue au chapitre précédent. Scindées pour des raisons pédagogiques, elles sont à mener en parallèle.

Voici les questions qui appartiennent à la critique d'interprétation et qu'on posera à ces grands médias :

Quel est le but et à quel « genre » appartient l'information ? Autrement dit, quelles sont les caractéristiques générales des informations ?

Les grands médias rapportent des **faits**, qui sont **actuels** et qui veulent **intéresser** le public. On y identifiera précisément ce qui est **fait rapporté**, **hypothèse** émise par le journaliste ou son témoin, **opinion** affirmée également par le journaliste ou son témoin. Si l'article rapporte un fait actuel, on ajoutera, car c'est important en terme de validation de l'information, que la **durée de vie d'un**

51. À titre d'exemple parmi de nombreux travaux : M. SOUCHARD et al., *Le Pen – Les mots : analyse d'un discours d'extrême droite*, Paris, Le Monde éd., 1977. Voir aussi l'enseignement et les travaux de R. HOOGENRAAD, professeur à l'UCL.

article est courte : l'information peut être corrigée, nuancée, voire démentie le lendemain.

Néanmoins, **tous les articles ne sont pas identiques**, si on les jauge ne fût-ce que formellement selon le genre d'information : **information brute sans commentaire** (brève, reportage, compte rendu, interview), **information expliquée** (analyse, enquête, chronique spécialisée, grand reportage), **information commentée**, comme l'avis d'un journaliste ou d'une personnalité (éditorial, critique de film, billet d'humeur...)

L'identification du **type de presse** est une opération de base également : presse **nationale** ou presse **régionale**, presse d'**information** ou presse d'**opinion**, presse **sensationnaliste** ou presse non sensationnaliste, **presse spécialisée** (sport, finances...).

Deuxième question : **quelles sont les contraintes liées au « genre »** qui vont influencer le journaliste ?

Pour collecter son information, la « recouper », et enfin rédiger, l'auteur a des **échéances très courtes**. Par ailleurs, la grande diversité des faits ou sujets à traiter nécessite que **des choix** soient opérés, car **le temps** (journal TV) ou **l'espace** (presse écrite) pour les exposer est limité. Pour la même raison, le journaliste sera parcimonieux en matière de **détails**. Sur ce dernier point, la presse écrite peut en général se permettre davantage de précisions que l'audiovisuel. La « **technique d'écriture** » (presse écrite) et la « technique de composition » (audiovisuel), si on les compare notamment à propos de l'usage d'une interview, est à l'avantage de la presse écrite où l'auteur peut se permettre une construction que ne peut envisager le journaliste de l'audiovisuel souvent amené à prendre des séquences entières de ses interviews comportant des détails inintéressants pour son propos. Dans le cadre de cette **contrainte temporelle**, outre les situations spécifiques à chacun des « genres », presse écrite ou audiovisuelle, on comparera aussi la presse écrite quotidienne et la presse hebdomadaire, celle-ci étant nécessairement privilégiée (voir aussi critique d'autorité, *supra*).

«DÉFINIR L'INFORMATION AUDIOVISUELLE

Quelles sont donc les caractéristiques propres à l'information audiovisuelle? Nous avons déjà fait allusion à certaines d'entre elles. Il existe des limites évidentes à ce que peuvent dire les journalistes de la radio ou de la télévision. La majeure partie de ces limites, cependant, est imposée non par la loi, mais par le temps et par la capacité d'absorption du public.

Établissons quelques comparaisons. Un journal du matin, les informations du soir à la télévision et un bulletin d'actualité de cinq minutes à la radio ont tous trois pour but de couvrir les mêmes événements du jour. Un jour de semaine, le Washington Post, *par exemple, comptera environ 125000 mots, soit l'équivalent d'un livre de 500 pages. Un journal télévisé d'une demi-heure comporte environ vingt-quatre minutes d'informations effectives. La vitesse du débit des présentateurs varie quelque peu, mais le chiffre le plus souvent cité est de 150 mots à la minute. Ce n'est qu'une moyenne, cependant, et pour les chaînes et les stations importantes, un débit de 180 mots à la minute, une émission de vingt-quatre minutes ne contient que 4320 mots, soit environ autant qu'un chapitre de dix-sept pages. Quant au bulletin radiodiffusé de cinq minutes, il présente environ trois minutes et demie de nouvelles. À 180 mots à la minute, cela nous donne environ 630 mots, soit, grosso modo, deux pages et demie dactylographiées, à double interligne. Lorsque le débit du présentateur est plus proche de 150 mots à la minute, le nombre de mots descend à 525. Et pourtant, le quotidien, la télévision et la radio doivent rapporter la même actualité. Vous commencez à voir un peu le tableau?*

Ces limites de temps imposent aux nouvelles audiovisuelles deux importantes restrictions. D'abord, les journalistes de la presse parlée sont contraints de réduire leur choix et ne peuvent aborder tous les sujets d'actualité qu'aborde la presse écrite. Ensuite, leurs reportages sont nettement moins détaillés que ceux des journaux, puisqu'ils doivent être beaucoup plus courts; pour obtenir cette brièveté, la première chose à faire est évidemment d'éliminer les détails.

On peut faire valoir qu'il doit être possible de communiquer davantage de détails en «resserrant» l'écriture, en réduisant au minimum le nombre de mots, plutôt que le nombre de détails. Il ne fait aucun doute que la majorité des textes écrits pour les bulletins d'informations audiovisuelles sont caractérisés par leur style extrêmement «serré», mais c'est aussi le cas des bons articles de journaux. Par conséquent, les avantages acquis en resserrant l'écriture sont relativement réduits.

En outre, une autre raison importante fait que l'on peut difficilement arriver à un meilleur résultat en resserrant l'écriture : le public n'est pas capable d'absorber autant d'informations à partir d'un reportage radiodiffusé ou télévisé qu'à partir d'un reportage écrit de même longueur. On peut en effet parcourir à loisir les articles imprimés, les relire autant qu'on veut. On peut éliminer toute incertitude concernant ce qui a été annoncé, en analysant soigneusement le texte. Les auditeurs ou téléspectateurs n'ont pas ce luxe. Ils doivent tout comprendre au moment où ils le voient ou l'entendent. Cela signifie qu'ils risquent de ne pas percevoir les détails et qu'il faut parfois incorporer à un reportage du texte supplémentaire pour aider le public à absorber plus facilement les détails. Dans le cas des reportages télévisés, on est parfois obligé, en outre, de fournir des informations supplémentaires pour accompagner les images qui défilent sur l'écran.

Par conséquent, pour l'information audiovisuelle, la règle fondamentale est de réduire au minimum les faits et les détails. Il faut aussi, bien sûr, éliminer les mots inutiles, comme vous le feriez pour n'importe quel texte bien écrit, mais votre premier devoir est d'apprendre à envisager chaque sujet dans ses détails essentiels (...).

La principale différence entre les nouvelles écrites et les nouvelles parlées intervient dans la façon dont est traitée la phrase d'introduction : ce que les journaux appelleraient le « chapeau » et que nous avons appelé ici, pour l'audiovisuel, l'« attaque ». Cette différence provient de la façon fort dissemblable dont les gens abordent la lecture d'un article et l'écoute d'un reportage audiovisuel. Le lecteur regarde le gros titre d'un article, puis les deux ou trois premières phrases, pour voir s'il a envie de lire le reste. Par conséquent le chapeau de la presse écrite tente de résumer les éléments clefs du sujet. En revanche, si un journaliste de l'audiovisuel s'avisait de résumer les éléments clefs de son reportage dans l'attaque, celui-ci serait terminé avant d'avoir commencé.

Plus importante encore est la tendance qu'auront les téléspectateurs ou auditeurs à suivre l'information audiovisuelle en « décrochant » mentalement lorsqu'un reportage ne les intéresse pas ; cela sous-entend que, lorsque commence le reportage suivant, la personne en question n'est souvent plus « branchée » sur l'émission. Donc, si un détail crucial est livré dès la première phrase, il risque de ne pas être perçu. Par conséquent, la première phrase d'un reportage audiovisuel doit plutôt inviter le public à se remettre à l'écoute. Si l'on veut simplifier à l'excès, disons que cette première phrase revient un peu à dire (en d'autres termes, évidemment) : « Houhou ! Voilà

un reportage sur les prix des produits alimentaires. Ça vous intéresse?». Les détails importants ne doivent être donnés qu'une fois que le public a appris ce qu'on va lui présenter.
Comment, alors, définir l'information audiovisuelle? Peut-être pourrait-on dire que cela consiste à rapporter, en temps utile, des événements, faits et opinions qui intéressent un grand nombre de personnes, en se conformant aux limitations de temps imposées par le moyen de communication et par la capacité du public d'absorber des renseignements parlés.»[52]

Les **capacités du «récepteur»** (lecteur, auditeur ou téléspectateur) sont une contrainte corollaire à la précédente et que doit prendre en compte le journaliste. Les capacités d'**absorption** (le nombre de mots par exemple en une minute) et les capacités d'**attention** en font partie. Sur ce dernier point particulièrement, la presse écrite est favorisée dès lors que le lecteur peut revenir sur un texte, relire une phrase difficile... L'audiovisuel et la radio ne donnent pas cette possibilité à leurs téléspectateurs et auditeurs.

Troisième question: **à quel contexte appartient l'auteur et quel est le public** visé? En d'autres termes, quelle est l'orientation du média?

Assez naturellement, on pense ici aux dépendances politique, «informationnelle» et économique qui pourraient orienter le média.

En caricaturant «gauche» et «droite» on comprend bien le risque d'une **dépendance politique**.

La **dépendance «informationnelle»** est moins perceptible, a priori. Or, les journalistes ont besoin d'avoir des «informateurs» dans les milieux qu'ils «couvrent». Ces informateurs sont nécessairement eux-mêmes des acteurs politiques, économiques, sociaux... Les relations privilégiées qui s'instaurent entre eux et les journalistes nuisent à la garantie d'objectivité de ceux-ci.

Dès lors que les médias sont des entreprises avec obligation de faire du profit, on peut légitimement craindre une **dépendance économique**. Envers le public d'abord, ce qui explique le reproche souvent formulé que les journalistes rapportent ce qu'attendent leurs

52. D. GARNEY et W. RIVERS, *Op. cit.*, pp. 9-12.

lecteurs ou auditeurs. Envers les propriétaires ensuite : des exemples de cette réalité illustrent tous les manuels de journalisme. De même qu'envers les firmes publicitaires. Les subsides publics créent des liens également entre les médias et les gouvernements en place. Ténus bien souvent, ils n'en sont pas moins réels.

Toutes ces remarques illustrant la dépendance des médias ont un **lien évident avec la critique d'autorité** que l'on a vue attentive à identifier les déformations volontaires et involontaires dans un témoignage.

Pour terminer cette application de la critique d'interprétation, nous dirons tout l'intérêt qu'il y a à analyser **les caractéristiques formelles des informations** que l'on lit, voit ou entend. Elles apportent au lecteur/téléspectateur des précisions quant au type de média que l'on consulte. Ainsi, la **topographie** : l'endroit où telle information est placée (première page dans la presse écrite, premières séquences au JT) est révélateur du type de média. De même que la **typographie** (lettres en gras,...), les **titres**, les **photos** et les **surfaces** (le temps au JT) accordées à tel type d'information en disent long du média.

CHAPITRE 8

TRAITEMENT DES DONNÉES ET CRITIQUE DE CONFRONTATION

A. Problématique

Il s'agit de confronter les données du corpus avec d'autres témoignages, dans le **double but** de compléter son information et de passer de la probabilité à la certitude.

Nous distinguerons deux types de confrontation. La confrontation **au sens strict** compare les témoignages de deux témoins ou plus qui ont vécu le même fait et le rapportent ou qui émettent une opinion **au même moment** sur un même sujet. La confrontation **au sens large** quant à elle, s'opère lorsque, soit deux témoins ou plus, soit un même témoin s'expriment sur des faits semblables se déroulant à des **moments différents**.

B. Confrontation des témoins

1. Condition préalable

Le choix des témoins à confronter ne s'effectue pas au hasard. Il est une **condition préalable** à vérifier afin que la confrontation soit efficace : l'**indépendance des témoins**. Cette condition favorable est particulièrement rencontrée lorsque l'on confronte des **sources de nature différente** : une source littéraire par exemple (un récit autobiographique décrivant des lieux) avec une source matérielle (vestiges archéologiques de ces mêmes lieux, *in situ* ou sur plan).

La condition d'indépendance est également rencontrée si l'on confronte des sources provenant d'**administrations différentes**: les statistiques belges d'exportation vers la France et les statistiques françaises d'importation de la Belgique...

La confrontation des sources provenant d'**organismes « hostiles »** ou défendant des intérêts contradictoires présente aussi le même avantage: on a toujours intérêt à comparer l'avis des syndicats et celui des patrons...

Pour présenter les techniques de confrontation, distinguons les données qualitatives (textuelles) et les données quantitatives.

2. Techniques de confrontation

En ce qui concerne l'application de la critique de confrontation aux **données qualitatives**, on peut la moduler en fonction des objectifs annoncés au début de ce chapitre.

Soit le premier objectif: **compléter son information.** Dans ce cas, on se demandera fort à propos concernant le témoignage recueilli quels sont les autres points de vue existants (des opinions d'hommes politiques de partis différents, des journaux d'opinion différente, des opinions ou écrits d'associations « hostiles »). On se trouve dans la situation décrite autrefois dans la critique d'autorité (cf. *supra*): il s'agit de reconstituer la vérité « totale » à partir des vérités « partielles ».

Le second objectif tente de **passer de la probabilité à la certitude** par la comparaison des témoignages. Son application est fréquente dans les questions suscitant un débat. Il s'agit tout simplement d'utiliser **les acquis de la critique d'interprétation** en identifiant le thème commun chez les différents auteurs, en situant leurs positions respectives, en comparant les arguments invoqués. Une opération supplémentaire consiste à **expliquer** les ressemblances et les différences. Les unes et les autres s'expliquent la plupart du temps par l'objet, la personnalité des auteurs, leur milieu, leur appartenance et par le contexte politique, social du moment, ainsi que par l'auditoire auquel ils s'adressent. Ce qui fait que parfois des arguments différents peuvent apparaître chez un même auteur à des moments et à des endroits différents.

La critique de confrontation s'applique aussi aux **données quantitatives** : les séries caractérisant une situation à un moment donné (synchronie) et celles spécifiques à une évolution dans le temps (diachronie).

Pour les séries propres **à un moment donné**, on procède à une **comparaison de distribution**, celle de la série en cause et celle qui, d'après le chercheur, peut lui être opposée. Ainsi, on confrontera une distribution **observée** à une distribution **théorique**. Exemple : lors des recensements ou enquêtes, on suspecte parfois que les données avancées sont des approximations plutôt que le résultat de comptage ou de mesurage précis. Ayant observé que les estimations se traduisent souvent par des chiffres arrondis, on sera attentif aux chiffres terminaux des données : si les données sont le résultat de comptage ou de mesurage, tous les chiffres terminaux devraient se distribuer de manière aléatoire, de 0 à 9, avec une distribution relative de 10 % pour chacun de ces chiffres. Une fréquence trop grande de données se terminant par 0 ou par 5 laisserait croire au contraire qu'on a affaire à des estimations. Des tests statistiques existent pour juger du caractère significatif de la différence entre les deux distributions : celle qui est réellement observée, objet de la vérification, et celle qui est la distribution théorique attendue.

On peut aussi confronter la **distribution observée** dans une enquête à une autre distribution issue d'un **échantillon de contrôle**. Imaginons une enquête de type biographique où les enquêtés doivent se souvenir de la date d'événements familiaux (mariage, premier déménagement, naissance des enfants, etc.). On suspectera sans doute des erreurs dues à la déficience de la mémoire (cf. critique d'autorité). Pour estimer celles-ci, on peut vérifier les données réelles dans les registres de population pour un groupe-échantillon. La confrontation permettra d'identifier des témoins davantage suspects que d'autres (le mari *versus* la femme) en fonction du type d'événement familial[53].

Comme les séries caractérisant un phénomène à un moment donné, les **séries chronologiques** se prêtent bien à la critique de confrontation. Pour illustrer le propos, on recourra aux travaux du fondateur de la méthode en ce domaine: E. Labrousse, historien économiste français qui a étudié l'histoire économique et sociale de la France à la veille de la Révolution (ancien régime) à partir de nombreuses séries de prix, de productions...[54]. Il n'est pas inutile de noter, pour la suite du développement, que la société étudiée vit alors dans une économie dite de subsistance ou autarcique où l'homme se nourrit essentiellement de pain. Dans l'application de la critique de confrontation à ces séries, un constat préalable et favorable est avancée par Labrousse, c'est la « solidarité » des séries de type économique: l'une a souvent un lien avec l'autre. Dès lors, connaissant l'une, on peut prévoir l'autre. On pourra donc valider la série étudiée en la confrontant à une autre série dont on sait a priori qu'elle en dépend ou qu'elle influence.

Labrousse présente ainsi une première confrontation qu'il appelle **le test de contrariété**, basé sur la « solidarité » de la production d'un produit et des prix de ce produit. Les deux courbes doivent évoluer en sens inverse. Ce test existe pour les séries dont on sait a priori qu'elles évoluent en sens inverse (corrélation ou covariation négative).

53. Voir par exemple les travaux de Josiane DUCHÊNE cités dans D. COURGEAU et E. LELIEVRE, *Analyse démographique des biographies*, Paris, INED, 1989, pp. 18-20.

54. E. LABROUSSE, *Op. cit.*

Figure n° 12 : Test de contrariété

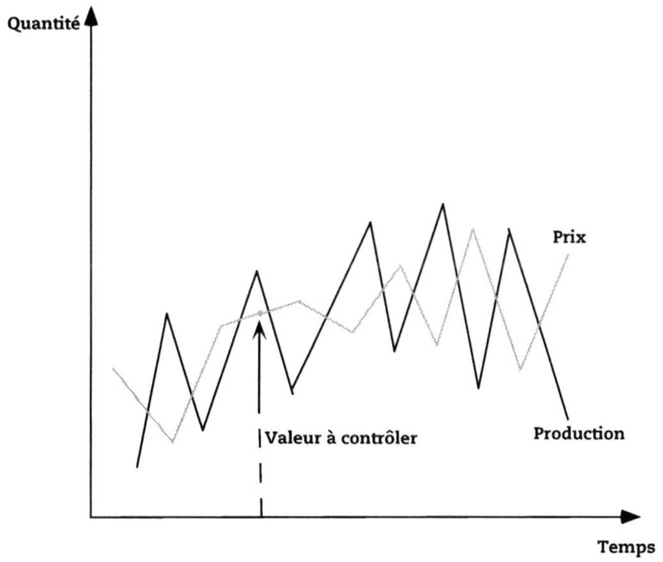

Bien sûr, Labrousse nuance le modèle du point de vue de la formation des prix et du type d'économie auquel on a affaire. La formation des prix en effet varie en fonction de l'offre (stock disponible) influencée elle-même par le stock passé, le stock futur (prévisible), la qualité, les autres produits… L'amplitude de la hausse de prix varie aussi en fonction d'une demande élastique ou inélastique : le manque de pain au XVIIIe siècle provoque aussitôt des chertés exceptionnelles. Labrousse nuance encore le modèle selon qu'on se trouve dans une économie de subsistance ou de marché (transports, niveau de vie…). Cela nous permet de conclure que la « performance » plus ou moins grande du test de contrariété peut se résumer dans la matrice qui suit :

Consommation / Économie	Élastique	Inélastique
autarcique	**	****
de marché	*	**

Le test de concordance spécifique quant à lui se base sur la « solidarité » des produits substituables : dans les exemples de Labrousse traitant de la France rurale d'ancien régime, toutes les céréales panifiables, seigle, froment, méteil, maïs... Si les conditions météorologiques sont mauvaises, toutes vont en souffrir et la production des unes et des autres va chuter... Dans les graphiques de ces séries chronologiques, on conviendra avec Labrousse qu'on doit s'attendre à une « concordance d'orientation » (tendance) et à une « concordance d'amplitude » (écarts à la tendance). Le test s'applique aux séries dont on sait a priori qu'elles évoluent dans le même sens. Labrousse lui-même ne limite pas l'application aux céréales (viandes, produits industriels,...). Non seulement la production est affectée mais également les prix. Statistiquement, il convient donc de vérifier l'allure des droites d'ajustement des séries (tendance) et d'analyser les écarts à cette tendance (amplitude).

Le test de discordance spécifique ainsi baptisé par Labrousse est plus subtil car il suppose la connaissance a priori de variations d'amplitude : par exemple les prix du froment et du seigle réagissent au même moment et dans le même sens dans les mercuriales, mais avec une amplitude qui est propre à chacune des céréales. Le test vérifie donc si cet écart d'amplitude attendu se produit. Cette constatation est valable aussi pour les amplitudes du point de vue de la production ou des rendements.

Le test de concordance géographique part de l'a priori selon lequel deux régions voisines connaissant le même contexte économique, c'est-à-dire pour la production céréalière, connaissant les mêmes conditions météorologiques, sur un même type de sol, doivent être caractérisées par des séries économiques identiques : même « orientation » et même « amplitude ». Sur deux marchés voisins, les prix de mêmes produits doivent évoluer de même. Le test de concordance géographique vérifie la réalité de cet a priori. Comme plus haut, les outils statistiques pour le mener sont notamment les coefficients de corrélation et de covariation (positifs).

Outre ces tests repris à Labrousse, on peut **confronter** la série chronologique observée à une série obtenue par **modélisation**. Tout écart enregistré entre la série en cause et celle de contrôle attire l'attention du chercheur et l'invite à l'expliquer.

Figure n° 13 : Test de discordance spécifique

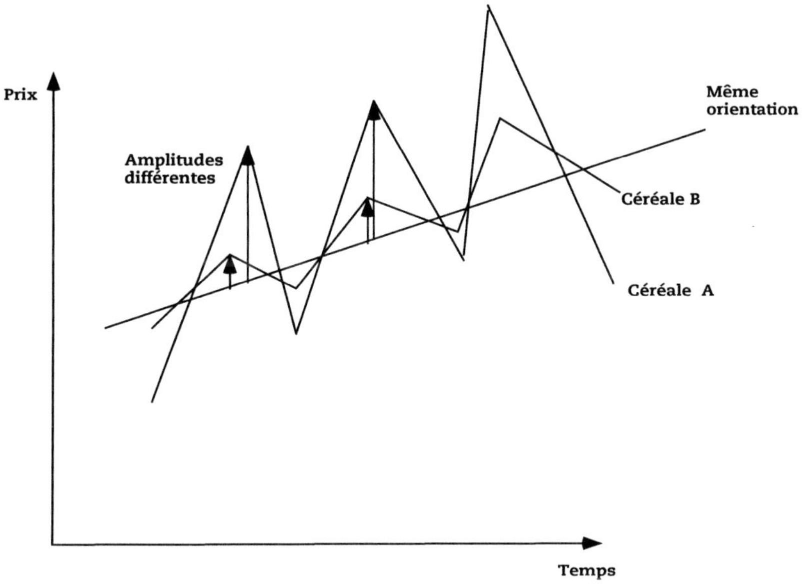

Figure n° 14 : Test de concordance géographique

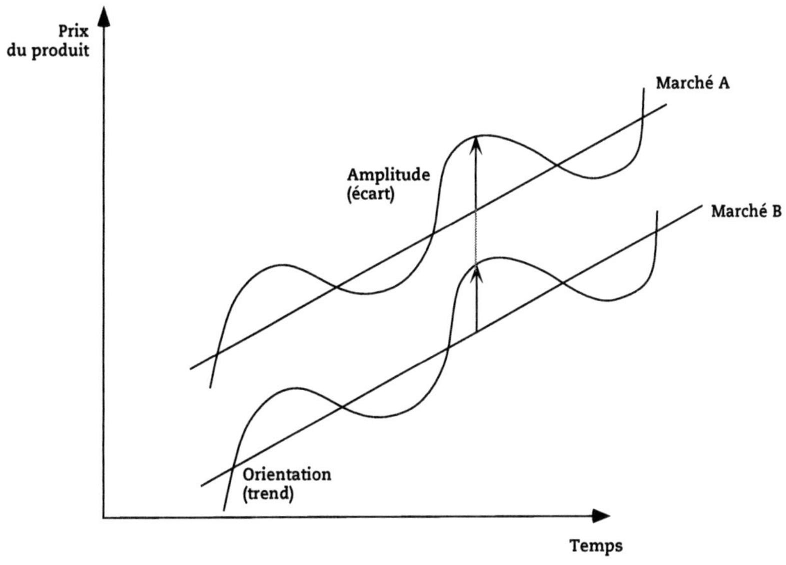

En disant cela, on découvre que la critique de confrontation ne doit pas être seulement perçue négativement, comme celle qui viserait uniquement à mettre en cause le témoignage. Elle a au contraire quelque chose de **positif** en indiquant au chercheur les endroits qui demandent une réflexion et une explication. Finalement, la critique vue sous cet angle présente une perspective méthodologique d'analyse des séries.

Quant aux **outils statistiques** à mettre en œuvre lors de l'application de ces tests, il faut faire confiance à l'imagination du chercheur. Une série chronologique par exemple peut faire l'objet d'une analyse identique à une série caractérisant un phénomène à un moment donné : ainsi, les écarts entre la droite d'ajustement et les valeurs réelles peuvent être distribués de sorte que des écarts très éloignés de l'écart moyen indiquent les moments suspects à surveiller.

Dans le cadre de cette réflexion méthodologique, terminons par un conseil de prudence : les divers tests dont on a parlé sont d'autant plus pertinents que l'on travaille sur les **données brutes**. Il faut être prudent en effet lorsqu'on les applique sur des **données agrégées** qui rabotent et qui « lissent » les accidents dans les séries.

En l'absence de série de contrôle, il reste comme solution de soumettre les données quantitatives au **jugement de l'expert**. Ici, évidemment, le « test » vaudra ce que vaut l'expert.

3. Les résultats de la confrontation

Il reste à tirer les conclusions de la confrontation, qu'elle soit qualitative ou quantitative. Lorsque les **témoins sont d'accord** (données qualitatives), c'est-à-dire lorsque **les séries** prennent les **allures attendues** (données quantitatives), la qualité des témoignages est certaine. Cela présente même un avantage pour les séries et particulièrement les séries chronologiques : l'une permet de **combler les lacunes** de l'autre (cf. *infra*).

En cas d'accord des témoignages néanmoins, une dernière précaution s'impose. Pour les témoignages qualitatifs surtout, il reste à suspecter la **collusion** des témoins. On rappellera aussi la règle de l'**indépendance** des sources nécessaire à la technique de confrontation. On a évoqué autrefois la dépendance des journaux même de tendance différente des agences de presse, la dépendance des statistiques internationales des statistiques nationales... (cf. critique d'originalité).

Lorsque les **témoins sont en désaccord**, il n'y a pas beaucoup d'autre solution que de refaire la **critique d'autorité** : lequel est le plus compétent ? Lequel a le moins de raison de mentir ? Le chercheur devra justifier son choix. Dans le cas des séries quantitatives surtout, l'une et l'autre peuvent être erronées. Comme pour les témoignages qualitatifs, il faut refaire la critique d'autorité après avoir bien revu la **critique de provenance** (qui sont les auteurs de la statistique ? Quels sont les intermédiaires et combien sont-ils ? Ont-ils retravaillé les données brutes ?).

Les ouvrages anciens de critique historique, basés surtout sur l'expérience des érudits éditeurs de textes anciens, posaient à cet endroit la question du **témoin silencieux**. Si un témoin ne s'exprime pas sur un fait, peut-on faire usage de l'argument du silence, c'est-à-dire en conclure que le fait n'a pas existé. À condition de vérifier le but poursuivi dans l'œuvre (le témoignage) : étant donné le but poursuivi (cf. **critique d'interprétation**), l'auteur avait-il intérêt d'en parler ? Si oui, c'est que le fait n'a pas existé. À condition aussi d'avoir tiré les fruits de la **critique d'autorité** : le témoin était-il capable et compétent pour avoir observé ou vécu le fait ? Si non, on ne peut faire usage de l'argument.

4. La confrontation indirecte

Lorsque le contrôle direct du fait rapporté est impossible, on peut utiliser **un fait connexe**, c'est-à-dire ayant **un lien logique** avec le fait à valider. Le plus opérant est **la relation causale**. Soit A le fait problématique à vérifier pour lequel on n'a aucun témoignage à lui opposer. Si A est connu pour être l'effet de B et C et si B et C sont confirmés, alors on peut en conclure que A s'est vraiment produit. Dans une économie de subsistance, une mauvaise récolte (B) entraîne une cherté exceptionnelle des biens d'alimentation (C). On doit s'attendre à un regain de mortalité (A).

C. L'argument a priori

Les historiens s'occupant de périodes où les documents sont rares (moyen âge et antiquité) et où les auteurs avaient une imagination débordante lorsqu'il s'agissait par exemple de prouver les « pouvoirs » d'un candidat à la sainteté (miracles et hagiographie), font appel parfois à lui.

Il consiste à nier un fait attesté par un ou plusieurs témoins parce qu'il est contraire aux lois métaphysiques, aux lois physiques ou aux lois morales. Sa valeur est dans le même ordre : pleine valeur dans le cas des **lois métaphysiques**. Dans le cas des **lois physiques** il a également pleine valeur pour le rationaliste, il est sujet à discussion pour l'homme de foi. Pour ce qui est des **lois morales**, il est de faible valeur.

CHAPITRE 9

LE CORPUS : CONSTITUTION D'UN ENSEMBLE COHÉRENT

A. Problématique : constituer un ensemble cohérent

Quelle est la situation dans laquelle nous nous trouvons avant de procéder à la synthèse (description et explication) ? Les faits sont collectés et disponibles. Leur valeur critique est connue : on sait si les informations qu'on a obtenues sont fortement probables, vraisemblables ou peu probables. Faisons alors le bilan : il y a certainement une absence de liens entre les faits c'est-à-dire que les faits sont là en vrac et qu'il va falloir établir ces liens, il y a même peut-être des lacunes dans nos informations, des faits qui ne sont pas rapportés.

Il existe deux types de lacunes dans le cas d'observations quantitatives : dans une série chronologique, les valeurs peuvent être inconnues durant une certaine période ; il peut par ailleurs manquer une variable permettant d'interpréter convenablement le phénomène étudié [55].

Il convient désormais de **mettre de l'ordre** dans les faits rassemblés et, si nécessaire, **combler les lacunes**.

55. Par exemple, si l'on constate un taux de natalité décroissant, on aura besoin de connaître parallèlement l'évolution de la structure de la population avant d'affirmer qu'il y a un déclin de la fécondité (cf. chapitre 2).

B. Difficultés et nécessité de la synthèse

Le chercheur, avant d'entamer la synthèse, dispose d'une grande **masse de faits**.

Il va donc d'abord sélectionner certains d'entre eux ; il va en éliminer, ce qui l'implique assez fortement. Ensuite, il va les ordonner, les hiérarchiser, ce qui à nouveau l'implique, car il décide quels faits sont les plus importants. Enfin, le chercheur va déterminer les liens entre ces faits (liens de causalité,...). En conclusion, le chercheur **s'implique** avec sa personnalité, sa formation et son cadre de référence ; il lui est difficile de rester objectif. On ne se présente donc pas « table rase » devant cette masse de faits.

À ce sujet, P. Löwenthal définit trois vertus souvent exigées du chercheur, et plus particulièrement du chercheur en économie : **indépendance, neutralité, objectivité**.

> *« Ce sont trois vertus souvent exigées de l'économiste et dont deux, au moins, sont impossibles. L'objectivité, vertu essentielle à la fois du scientifique et du publiciste, veut que l'on considère les faits, tous les faits et rien que les faits (la réalité prétendument objective). C'est là une vertu inaccessible en rigueur, mais à laquelle on peut, et donc doit tendre. En toute science, l'objectivité est toujours limitée par la dispersion des théories. En sciences sociales, la réalité inclut en outre des états d'âme, et elle inclut l'observateur lui-même. Lequel serait bien en peine de faire abstraction de ses préférences et préjugés, souvent subconscients, quand il étudie les attentes et comportements d'autrui. En matière conjoncturelle, plus particulièrement, la tentation existe toujours de trouver dans les faits, souvent ambigus, la confirmation de ses jugements ou prévisions antérieurs : « prévoir empêche d'y voir clair ». La neutralité est une vertu politique qui consiste à se tenir en dehors ou au-dessus des querelles partisanes. Cette vertu est aussi inaccessible que l'objectivité mais elle est moins désirable. Dès lors que l'économie est politique, il n'est pas illicite de « prendre parti », au sens qu'on voudra : en se marquant « à gauche » ou « à droite », par exemple, ou en œuvrant expressément pour compte d'un groupe d'intérêts. De façon plus limitée, une institution soucieuse de se faire lire par les divers secteurs de l'économie – ainsi un service officiel, ainsi l'IRES – pourra faire sienne telle priorité d'objectifs affirmée par le gouvernement ou qu'elle reconnaît d'elle-même : l'IRES reprend par exemple à son compte la priorité à l'emploi, et raisonne en conséquence les opportunités de politique*

> *économique. Si l'on n'imposera pas forcément au conjoncturiste de tendre vers la neutralité, on exigera de lui qu'il «objective sa subjectivité» en explicitant ses choix. L'indépendance est une autonomie responsable. C'est finalement la vertu la mieux accessible : elle ne fait pas violence à notre nature et lui assure au contraire sa liberté d'appréciation. Si l'objectivité et la neutralité du jugement sont impossibles, qu'au moins ce jugement ne doive qu'à celui qui l'émet. Que ses biais ne lui soient pas dictés. Que l'opinion de l'expert soit discutable, mais que ce soit une opinion d'expert. L'indépendance n'est pas seulement d'esprit; il doit lui correspondre une liberté d'exercice, qui implique certaines conditions de travail. L'équipe la plus précisément subordonnée aux intérêts de son employeur reste soumise à sa propre déontologie ; si elle ne pourra pas toujours écrire tout ce qu'elle pense, elle ne devrait jamais écrire ce qu'elle ne pense pas*[56]. »

Bien que pénible et délicate, la **synthèse est nécessaire** : si on a fait des enquêtes, si on est allé sur le terrain, c'est pour comprendre l'Homme et la Société. On ne peut donc pas se contenter d'une simple énumération chronologique des faits.

En maîtriser tous les aspects comporte cependant quelques **difficultés**. Il est en effet difficile, vu la spécialisation de la recherche, de faire la synthèse des faits qui débordent de cette **spécialisation**, de parvenir à une vue globale. Une autre difficulté vient de ce que la recherche est souvent **collective** : plusieurs chercheurs collaborent. Enfin, l'**interdisciplinarité** peut aussi induire des complications, lorsque pour analyser les phénomènes complexes, on fait appel à des chercheurs de disciplines différentes.

C. Classer les faits

Les séries quantitatives sont classées a priori. Elles posent ici moins de problème que les témoignages qualitatifs.

Pour restituer un ensemble cohérent, il faut donc procéder à un classement des faits. Pour cela, il faut commencer par **identifier chacun d'eux**. Imaginons que la collecte de ceux-ci ait eu lieu

56. P. LÖWENTHAL, *Op. cit.*, pp. 111-112.

au sein d'un lot de romans autobiographiques. L'identification évoquée pourrait être pour chacun d'eux l'énoncé sur une fiche de l'auteur, du lieu, de la date, du thème abordé, du texte lui-même. Au total, quelques centaines de fiches à classer, voire quelques milliers selon l'ampleur de la recherche.

Il existe différents **types de classement**: alphabétique, chronologique, topographique, thématique,… L'objectif premier du classement est de mettre de l'ordre. Il est aussi des effets secondaires positifs, notamment de lever le piège de l'anachronisme (cf. *supra*). Ceci montre l'intérêt de classements chronologique et topographique notamment.

D. Combler les lacunes

Les faits étant rassemblés, on est à même de se rendre compte de l'existence ou non de lacunes à combler. Dans la pratique, très peu d'études échappent à cela.

Penchons-nous sur les méthodes à la disposition du chercheur pour combler les lacunes.

Commençons, si un fait paraît manquer, par essayer de justifier son absence. C'est le rôle de l'**argument dit du silence**: si un fait n'est pas cité par une source, c'est qu'il n'a pas existé. Avant d'employer l'argument du silence, on se posera deux questions: 1) le témoin qui n'évoque pas un fait avait-il la possibilité (physique, intellectuelle) de **connaître** ce fait (cf. critique d'autorité)? 2) est-ce que, étant donné le but de l'ouvrage, l'auteur **devait-il citer** le fait? Ainsi, dans un texte polémique ou apologétique, un fait non cité alors qu'il était un argument favorable à la thèse défendue est vraisemblablement un fait qui n'a pas eu lieu. L'argument du silence peut être ici utilisé valablement. Mais dans les récits de vie ou dans les interviews, il est délicat de faire usage de l'argument du silence: le témoin est généralement silencieux des faits qui lui sont évidents, qui appartiennent au discours **implicite**.

La lacune attestée, une première méthode consiste en **l'argument par conjecture**, qui revient à conclure d'un fait connu à un fait inconnu. Cet argument utilise donc la relation causale qui peut exister entre deux faits : si A (inconnu) est généralement la cause de B (connu), B étant constaté, on conclura que A a eu lieu. Le fondement est donc notre connaissance. Prenons un exemple : la situation des pays connaissant une économie de subsistance, où une récolte désastreuse entraîne une famine, une hausse des prix, une hausse de la mortalité, et une baisse des conceptions et des mariages. Il existe une relation causale entre ces variables. Qu'il en manque l'une ou l'autre dans les faits rapportés, on pourra légitimement la restituer.

Quelle valeur accorder à cet argument ? Elle dépend de la base sur laquelle se fonde notre connaissance :

- si les **lois naturelles** en constituent le fondement, l'argument est fort (« il n'y a pas de fumée sans feu »,...).
- se basant sur les « **lois statistiques** », il est également possible de compléter valablement les données manquantes lorsqu'on connaît la distribution normale ou autre d'un phénomène (ex : courbe des revenus) ; dans ce même monde statistique néanmoins, les théories des cycles économiques permettent avec moins de bonheur de combler des lacunes au sein de séries chronologiques. La critique de confrontation par contre, a montré l'intérêt des tests statistiques dans cette perspective.
- d'aucun se basent sur de prétendues **lois historiques**, selon lesquelles les faits ne font que se reproduire : « L'histoire est un éternel recommencement ».

Toujours est-il : si le chercheur reconstitue un fait, il doit le présenter comme étant une **probabilité**. L'idéal est d'avoir plusieurs phénomènes connus convergeant vers un phénomène inconnu, on obtient alors un **faisceau convergent** de conjectures permettant de combler presque infailliblement la lacune.

B (connu) →	
C (connu) →	A (inconnu)
D (connu) →	

Deuxième méthode disponible : **l'argument par analogie** ; il s'agit de compléter la connaissance d'un fait dont certains traits nous échappent par comparaison avec des faits du même genre mieux connus. Exemple : soient deux faits connus qui se ressemblent très fort ; chaque fait comporte trois parties, mais une partie d'un des faits est inconnue. Comme il y a une forte analogie, on va combler cette lacune en allant puiser l'information dans le fait parfaitement connu.

Fait 1	Fait 2
Composante A connue	Composante A connue
Composante B connue	Composante B mal connue
Composante C connue	Composante C connue

Le recours à cet argument comporte un double danger :

- il faut être conscient que **les contextes** du fait 1 et du fait 2 ne sont jamais parfaitement identiques. Il convient dès lors de vérifier au préalable ces contextes et de se convaincre qu'ils sont identiques, pour ensuite convaincre son lecteur. Après la pratique d'un test de concordance géographique convaincant (cf. chapitre précédent) par exemple on peut tenter de compléter la lacune dans une série chronologique à partir de l'autre.
- un deuxième danger d'ordre **logique** existe et se résume à ceci : un seul élément commun entre deux réalités ne rend pas commun tous les autres. Or cette règle de logique est souvent bafouée[57].

57. « Ce qui attire l'attention, dans la comparaison, devenue à la mode, entre le « phénomène Le Pen » et la naissance de la vague hitlérienne durant les années vingt et trente, c'est l'indigence de l'analyse et la négligence dans l'étude des informations. Lorsque Michel Rocard déclare : « Hitler, lui aussi, à ses débuts n'avait derrière lui qu'une faible partie de l'électorat », il a raison dans ce sens qu'il vaut mieux soigner un mal dans ses commencements que plus tard. Mais il commet une grossière faute de logique, parce que, s'il est vrai que tout ce qui est devenu grand a commencé par être petit, en revanche, tout ce qui est petit n'est pas destiné à devenir grand » (J.F. REVEL, *Op. cit.*, p. 74.)

L'argument rétrospectif ou prospectif constitue un autre moyen de combler des lacunes. Il s'agit de conclure de l'état d'un phénomène à un certain moment à son état à une époque antérieure ou postérieure. Cet argument utilise donc les relations dans le temps qui existent entre les différents états d'un phénomène. Illustrons cela par deux exemples : le premier est celui de la photographie aérienne qui, révélant un parcellaire, permet de reconstituer l'origine d'un paysage (défrichements,...) et même son mode d'exploitation (pratiques collectives,...). Autre exemple : la pyramide des âges (situation à un moment donné) nous permet de prédire ce que sera la population en absence d'« accident ». Elle permet aussi d'identifier voire de mesurer les effectifs perdus lors des guerres autrefois à travers ses classes creuses.

Dernier type de méthode disponible : **l'hypothèse**. Si le chercheur ne peut pas recourir aux arguments évoqués, il peut toujours formuler une hypothèse.

CHAPITRE 10

EN GUISE DE CONCLUSION : LES DERNIÈRES ÉTAPES OU LA SYNTHÈSE

Si on se souvient des étapes constituant la recherche scientifique, il resterait à ce stade à pratiquer la **synthèse** : décrire le phénomène étudié, l'expliquer et enfin, présenter les résultats à la communauté scientifique.

A. La description de l'ensemble reconstruit

Chaque fait est **unique** et cependant, à la réflexion, on lui trouve des caractères généraux avec d'autres faits du même type. On parvient dès lors à rassembler les faits qui appartiennent à un même **groupe de faits**. En sciences sociales, la compréhension d'un phénomène passe par un autre constat : les faits constituent le moment d'une **évolution**.

Un certain nombre d'éléments apparaîtront dans **la description** du phénomène étudié : sa durée, son extension géographique, son intensité (amplitude), sa fréquence en cas de répétition…

Le phénomène étant décrit, il reste à l'expliquer.

B. L'explication

Expliquer le pourquoi des choses, c'est une préoccupation fondamentale de la recherche scientifique : celle de la **causalité**. On pourrait lui consacrer un livre et certains l'ont fait.

TABLE DES MATIÈRES